예수 철학

The Philosophy of Jesus

by

Peter Kreeft

예수 철학

피터 크리프트 지음 | 류의근 옮김

서광사

이 책은 Peter Kreeft의 *The Philosophy of Jesus*
(St. Augustine' s Press Inc., 2007)를 완역한 것이다.

예수 철학

피터 크리프트 지음
류의근 옮김

펴낸이 | 김신혁, 이숙
펴낸곳 | 도서출판 서광사
출판등록일 | 1977. 6. 30.
출판등록번호 | 제 406-2006-000010호

(413-756) 경기도 파주시 교하읍 문발리 534-1
Tel: (031) 955-4331 | Fax: (031) 955-4336
E-mail: phil6161@chol.com
http://www.seokwangsa.co.kr | http://www.seokwangsa.kr

제1판 제1쇄 펴낸날 · 2010년 4월 20일

ISBN 978-89-306-2197-7 93160

† 차 례

서론

서론 1

누구를 위한 책인가?

이 책은 그리스도인과 그리스도인이 아닌 사람을 위한 책이다.

(1) 이 책은 그리스도인들에게 예수의 새로운 차원, 즉 철학자 예수를 보여 주기 위해서 저술되었다.

(2) 이 책은 그리스도인이 아닌 사람들에게 철학의 새로운 차원, 즉 새로운 철학과 새로운 철학자를 보여 주기 위해 저술되었다. 이 책은 그들을 개종하기 위해 저술된 책이 아니다.

그러나 나는 철학자이면서 그리스도인이다. 다시 말해서 나는 예수가 신이라는 것을 믿는다. 그리고 나는 이 점을 숨기거나 속이거나 하지 않는다. 이것이 내가 이 책에서 예수의 이름을 나타내는 대명사를 고딕체로 표기하는 이유이다.

그러나 잠시 기다려 달라! 만일 내가 이렇게 진술함으로써 독자들이 잠정적으로 떠나게 된다면, 나는 도전장을 던지고 싶다. 즉 나는 이제 그리스도인이기를 중지하고 철학자로서, 여러분에게 다음과 같은 질문을 던지고 논리적 대답을 해 달라고 요청하는 바이다. "여러분은 불교 철학자가 저술했기 때문에 불교 철학에 대한 책읽기를 거절하겠다는 것인가?" 또는 "이슬람교 철학자가 저술했다는 이유만으로 코란 철학을 설명하는 책을 읽는 것을 거절하겠다는 것인가?" 그러한 논리라면, "문제의 책들이 각각 그들에 의해 저술되지 않았다면 그 책들을 읽는 것을 거절하는 것이 거절하지 않는 것보다 더 많은 의미를 가지고 있다고 말하는 것과 무엇이 다른가?"

서론 2

예수가 어떻게 철학자인가?

무엇이라고? 예수가 철학자라고? 예수가 하버드 대학교에서 강의를 하고 플라톤의 아카데미에서 소크라테스와 오랫동안 대화를 나눌 것이라는 것인가? 또는 칸트의 『순수이성비판』을 비판하겠다는 것인가?

분명히 아니다. 누구나 그 점을 알고 있다. 그것은 말할 필요도 없는 사소한 사실일 뿐이다.

이와는 다른 의미에서 예수는 철학자였다. 그러나 이 둘째 의미도 역시 사소한 것이다. 누구에게나 "삶의 철학"이 있다. 심슨 가족에 나오는 호머 심슨조차도 철학자이다.

그러나 예수는 공자, 부처, 무함마드, 솔로몬, 마르쿠스 아우렐리우스, 파스칼이 철학자였다는 의미에서, 바로 이러한 제3의 중요한 의미에서 철학자였다는 것이다.

나는 이러한 분류를 지원하기 위해 C. S. 루이스(C. S. Lewis)의 권위에 호소한다. C. S. 루이스가 돔 비드 그리피스(Dom Bede Griffiths)에게 보낸 편지가 있다(*Collected Letters of C. S. Lewis, volume II*. San Francisco : Harper/SF, 2004, p. 191).

> 우리의 주님에 대해 "그분은 본질적으로 시인이고 철학자가 전혀 아니라고" 말하는 당신의 설명으로부터 나는 질문을 던지게 된다. 확실한 것은 그리스도의 인간 본성 안에 표현된 "마음의 유형"(그리고 내가 생각하기로, 우리는 그분의 인간성 덕택으로 인간 본성을 "마음의 유형"이라고 불손하게든 부조리하게든 말하지 않을 수 있다)이 철학자로부터 떨어져 있다면 동일하게 시인들로부터도 떨어져 있다는 점이다. …… 최종적으로 볼 때, 논증, 재치, 심지어 반어가 얼마나 많은가 말이다. 그분은 그런 분이다. 동전에 누가 새겨져 있는가에 관한 구절도, 요한의 세례에 관한 딜레마도, "나는 야곱의 하느님이다"라는 구절을 가지고 사두가이파를 반박하는 논증도, 바리사이파에게 던지는 질문 속에 들어 있는 놀랍고도 재미있는 함정도("시몬아, 네에게 할 말이 있다"), 점강법을 반복적으로 되풀이하는 사용도("이러하거늘 얼마나 더하겠느냐?"), 우리의 이성에 호소하는 논법도("너희 자신에 대해서는 무엇이 옳은가를 왜 판단하지 않느냐?") 모두 육화된 말씀의 인간적 자연적 도구로서 인식하는 정신적 양상으로, 예리한 안목을 가진 농부의 총명이 질 높은 상상력만큼이나 현저하게 드러나는 것이다. 달리 표현하면 이것은 (자연적 차원에서 볼 때) 아이스킬로스에게 근접

하는 만큼 소크라테스에게도 근접하는 것이다.

심지어 우화가 드러내는 진리를 표현하는 비유 방식조차도 상상적이기보다는 지성적인 것이다. 차라리 그것은 시인의 직유보다는 철학자의 예증과 같은 것이다. 불의한 재판관이 하등의 신적인 유사성도 표현하지 않는다는 것은 상상력을 통해서가 아니다. 상상력은 그 이야기 안에 하등의 신적인 향과 색을 가져다주지 않는다. (이것은 방탕한 아들의 아버지 이야기도 마찬가지이다.) 재판관이나 아버지가 신과 유사성을 가진다는 것은 순전히 지성을 통해서인 것이다. 이것은 일종의 비례 계산으로 A:B=C:D와 같은 것이다.

그러나 이 책은 예수의 철학적 스타일이나 방법 또는 "마음의 주형(鑄型)"에 관한 것이라기보다는 예수의 철학적 실체, 철학적 대답, 즉 예수의 철학에 관한 것이다.

서론 3

철학의 4대 문제는 무엇인가?

4가지의 영원한 철학적 문제가 있다. "철학"은 "지혜 사랑"을 의미한다. 그런데 만일 우리가 지혜를 가지고 있다면 지혜는 우리에게 적어도 이 4가지 위대한 문제에 대한 답을 줄 것이다.

1. 무엇이 존재하는가? 무엇이 실재적인가? 특히 무엇이 더 실재적인가?
2. 우리는 실재적인 것을 어떻게 아는가? 특히 가장 실재적인 것을 어떻게 아는가?
3. 실재적인 것을 알고자 하는 우리는 누구인가? "자기 자신을 알라"
4. 더 실재적이기 위해서 우리는 무엇이어야 하는가? 우리는 어떻게 살아야 하는가?

이 문제들은 존재, 진리, 자아, 선에 관한 문제이다. 이 네 가지 문제를 탐구하는 철학 분야를 각각 전문적으로 형이상학, 인식론, 철학적 인간학, 윤리학이라고 부른다.

1. 첫째가는 제일 중요한 것은 모든 것이 형이상학에 관련되어 있다는 점이다. 모든 아이들이 알기를 원하는 첫째는 "뭐가 있는가"이다. 내 아들의 첫째 질문도 "뭔가"라는 것이었다. 내 아들은 모든 것에 대해 기관총처럼 질문을 쏟아 냈다. 마침내 우주와 같은 대답 목록을 가지게 되었다.

   우리가 지혜롭다면 우리에게 결코 성장은 없다.

2. 그러나 우리는 변한다. 사춘기를 지나 청년에 이르면 심각해진다. 고양이와 개의 차이뿐만 아니라 진리와 허위의 차이도 알기를 원한다. 우리는 어떻게 알 수 있는지, 어떻게 확실해질 수 있는지를 알기를 원한다. 우리는 인식론자가 되는 것이다.

   그리하여 형이상학의 가장 흥미로운 문제는 궁극적인 실재에 관한 것이기 때문에 인식론의 가장 흥미로운 문제는 궁극적인 실재를 아는 문제, 즉 우리 같은 유한한 바보가 어떻게 무한한 지혜를 알 수 있는가 하는 문제가 된다. 인간은 어떻게 신을 알 수 있는가? 또는 신이 존재한다는 것을 알 수 있는가?

3. 잠시 후에 우리는 더 파고들 것이다. 우리는 다른 사람들과 함께 무대에서 가면 놀이를 하면 우리가 실제로 누구인지를 모른

다. “자기 자신을 알라”는 것이 그토록 힘든 것은 무엇 때문인가? 분명히, 우리가 무엇인가 하는 것에 대해 우리의 본성은 인간 존재라고 한다. 그러나 도대체 그것은 무엇이란 말인가? 우리는 알려진 것을 안다면 알려진 것을 아는 자가 누구인지를 알고 싶어 한다.

4. 마지막으로, 우리는 이 아는 자아가 이 알려진 우주의 여타의 것과 근본적으로 다르다는 점을 깨닫지만, 그렇다고 이것만으로는 그 자아가 참된 자아일 수 없으므로, 우리는 참과 거짓, 선과 악을 구별해야만 한다. 우리는 악할 수도 있고 선할 수도 있다. 우주 가운데 어느 것도 그런 선택을 하지 않는다. 도토리나 별과 달리, 우리의 자아는 우리에게 완전하게 주어지지 않으며 우리 자신의 선택에 의해서 만들어진다. 우리는 이 점을 깨닫자마자 우리가 어떻게 우리의 참된 자아, 우리의 진정한 자아, 우리의 선한 자아가 되는지를 묻게 된다. 나쁜 사람들이 어떻게 좋은 사람이 되는가? 좋은 사람이라는 것, 이것의 본성은 무엇인가?

문제의 논리적 질서는 이렇다. 즉 우리는 어떻게 아는가를 알 수 있기 전에 실재적인 어떤 것을 먼저 알고 있어야 한다. 그리고 우리는 우리에게 무엇이 선한 것인가를 알 수 있기 전에 우리가 누구인가를 먼저 알고 있어야 한다. 이러한 질서는 또한 구체성이 점증해

가는 질서이며, 실천성이 점증해 가는 질서이고, 보통 사람들에게 접근하면서 그들이 관심을 보이게 되는 질서이다. 윤리학은 형이상학을 기초로 하고 논리적으로 형이상학보다 뒤에 오지만 심리적으로는 더 강제적이다.

철학자들은 이 4대 문제를 2000년 이상 동안 심대하게 사유해 왔다. 그들은 적절하고 최종적이며 보편적으로 인정받을 수 있는 내납을 왜 발견하지 못했는가? 한 철학자의 가장 훌륭한 규정은 왜 "다른 철학자들과 모순을 이루는 규정"인가? 멩켄(H. L. Mencken)의 말에 따르면, "대체적으로, 철학은 여타의 철학자들은 바보라는 것을 논증하는 한 사람의 철학자로 구성된다."

그리스도인은 4대 철학 문제에 대한 최종적인 충분한 대답이 그리스도이기 때문이라고 답한다. 가장 철학적인 성경 기록자 요한은 복음을 예수와 로고스(말씀)를 동일시하는 데서 시작한다("한처음, 천지가 창조되기 전부터 태초에 말씀이 계셨다. 말씀은 하느님과 함께 계셨고 하느님과 똑같은 분이셨다 …… 말씀이 사람이 되셔서 우리와 함께 계셨다"). 로고스란 무엇인가? 그것은 정말 풍요로운 그리스 단어이다. 그 의미의 몇 가지는 다음과 같다. 로고스는 신의 말, 신의 계시, 신의 언어, 신의 지혜, 신의 마음, 신의 진리, 신의 이성, 신의 철학을 의미한다.

예수는 신의 철학이다.

제 1 장

예수의 형이상학

제 1 장
예수의 형이상학

1. 예수의 유대교 형이상학

예수의 형이상학을 이해하기 위해 우리는 예수에 관해 알아야 하는데, 이것은 예수가 말하는 모든 것을 이해하기 위한 필수적인 역사적 열쇠로서, 많은 역사적 이교도들에 의해 이모저모로 거부되고 망각되며 무시되고 폄하된 사실, 즉 예수가 유대인이었다는 사실을 가리킨다.

그는 영지주의자도 뉴에이저(New Ager)도 아니었다. 그는 근대주의자도 세속적 인본주의자도 아니었다. 그는 마르크스주의자도 사회주의자도 아니었다. 그는 플라톤주의자도 아니었다. 그는 브라만식 범신론자도 아니었다. 그는 아리안(Aryan) 인종차별주의자도 아니었다. 그는 사회 노동자도 대중 심리학자도 이방 종교의 신비가도 마법사도 아니었다. 그는 민주당원도 공화당원도 아니었다. 실제로 그는 미국인도 아니었다. 그는 자유주의자도 군주제 옹호론자도 무정부주의자도 극우 보수파나 신보수주의자도 아니었다. 그는 중세 인물도 근대인도 아니었다. 그는 유대인이었다.

이것이 형이상학과 무슨 관계가 있는가? 모든 것과 관계가 있다. 예수는 형이상학의 중대한 질문에 대한 결정적 대답을 알고 있었다. 왜냐하면 그는 유대인이었기 때문이다. 형이상학의 궁극적 진리, 궁극적 실재의 본성, 최고 실재는, 유대인 주위의 이방 민족과 나라와 종교가 인식할 수 없는 것과는 달리, 유대인들에게 인식할 수 없는 신비가 아니었다.

이것은 유대인이 다른 사람들보다 똑똑해서가 아니라, 궁극적 실재가 바로 그 자신에게만 계시된다는 이유로, 여타의 어떤 사람이 아닌 유대인에게 자기 자신을 계시하기로 선택했기 때문이다. 하느님은 숨어 있는 것으로부터 커밍아웃한 것이다.

실제로 하느님은 그들에게 그의 이름을 말해 주었다. 그 이름은 "스스로 존재하는 자(I AM)"였다.

"나"는 인격의 이름이지 힘의 이름이 아니다. 하느님은 "그(He)"이지 "그것(It)"이 아니다.

저 남반구 인도에서 위대한 현자들은 궁극적 실재는 하나이고 무한하다는 깨달음에 도달한 바 있다. 그러나 그들은 그 이름이 "나(I)"라는 것을 알지 못했다. 반대로, 그들은 대부분 "나(I)", "자아(ego)", 즉 유일하고 환원 불가하며 분명한 개인적인 인격성(personhood)이 궁극적 환상이고 최고의 깨달음에 엄청난 장애물이라고 가르쳤다.

아마도 이것이 유대인들, 그리스도인들, 이슬람교도들, 서양인들과 달리, 동양에서는 인권의 도덕성이나 정치학을 결코 발전시킬 수 없었던 이유일 것이다. 왜냐하면 인권의 이념을 위한 형이상학적 토대는 하느님의 형상으로 창조된 인간의 관념(더 정확히게 말해서 계시된 진리)이기 때문이다. 인간 "나"의 권리, 인간 "나"의 실재는 신의 "나"에 근거를 둔다. 서양은 그 둘의 "나"를 열어 주었고, 반면 동양은 닫아 버렸다.

사실상, 어떤 두 종교라도 형이상학의 측면에서 유대교와 힌두교가 다른 것처럼 다를 수 없다. 힌두교가 궁극적 환상이라고 주장하고 지혜와 깨달음의 궁극적 장애물이라고 주장한 것은, 정확하게 유대교가 궁극적 실재이고 최고의 지혜라고 주장한 바로 그것이다. 유대인이 랍비에게 "나는 내가 신이라는 것을 발견했다"라고 말하면, 그 랍비는 자신의 옷을 찢어 "신성모독이요 미쳤으며 참람하며 아둔한 짓"이라고 부르짖을 것이다. 그러나 힌두교 신자가 구루(guru: 힌두교의 영적 스승 – 옮긴이 주)에게 그렇게 말했다면, 그 구루는 미소 지으며 "진심으로 축하드립니다. 당신은 마침내 깨달았군요. 득도의 반열에 오른 것을 환영합니다"라고 말할 것이다.

힌두교와 유대교는 둘 다 신이 일자이고 완전하다는 것을 깨닫기 때문에 이방 종교보다 우위를 차지해 왔다. 힌두교 신자는 아래에서 위로 그 지점에 도달했고 유대인은 위에서 아래로 그 지점에 도달했다. 힌두교 신자는 인간의 신비적인 경험에 의해서 그곳에 도달했고 유대인은 신의 계시에 의해 그곳에 도달했다.

힌두교와 유대교는 고대 세계에서 가장 순수한 종교였다. 두 종교는 신이 전지하고 따라서 피해갈 수 없으며 속이지도 않고 이방 종교처럼 매수되지 않는다는 것을 깨달았기 때문에 이방 종교를 능가했다. 그러나 이러한 믿음에 대해서 유대인들이 제시한 이유는 힌두교 신자의 이유와는 달랐다. 유대인의 이유는 신은 우주를 창조했기 때문에 전지하다는 것이었고, 힌두교 신자의 이유는 신은 우주를 꿈꾸고 있기 때문이라는 것이었다.

창조의 관념은 유대인 특유의 고유한 의미를 지닌 관념이다. 유대인들이 표현하는 단어로는 바라(bara')이다. 이 단어는 여타의 고대 언어에서 그 등가물을 찾아 볼 수 없는 말이다. 그것은 신 이외에는 어떤 주체도 없는 동사이다. 신만이 창조할 수 있다. 왜냐하면 창조한다는 것은 무로부터 만드는 것이지 유로부터 만드는 것이 아니기 때문이다. 창조한다는 것은 형식, 의미, 구조, 질서 또는 운명만이 아니라 바로 어떤 존재를 만든다는 것을 의미한다. 창조는 오래된 물질에 새로운 형식을 만드는 것만이 아니라 바로 그 물질의 존재를 만드는 것이기도 하다.

역사적으로 한 번도 행해 본 적이 없는 이러한 관념, 다시 말해서 무로부터 그것 이외에 다른 존재 그 자체를 창조하는 유일신이라는 관념은 유대인들 그리고 이들부터 배운 사람들(주로 그리스도인과 이슬람교도)의 마음 이외의 어떤 인간 마음에도 들어온 적이 없었다.

고대의 많은 신들 가운데서도 유대인들의 신만이 항상 "그"이었고, "그녀"(또는 "그것", "그것들", 자웅 동체)가 아니었다. 왜냐하면 "그녀"는 내재적인 어떤 것을 상징하는 반면, "그"는 초월적이었기 때문이다. "그녀"는 만물의 자궁, 우주의 어머니였지만 "그"는 어머니 지구와는 다른 자였다. 그는 지구를 창조했다. 그는 마치 남자가 여자 안으로 들어가듯이 바깥에서 세상 속으로 들어왔다. 그는 비존재에 존재를, 어둠에 빛을, 죽은 물질에 생명을, 역사에 기적을, 마음에 계시를, 선택한 민족에 예언자를, 영혼에 구원을 불어넣어 주었다. 그분은 초월자이다.

이것이 고대의 모든 종교 가운데 유대교만이 여신이나 여사제가 없는 이유이다. 왜냐하면 사제는 신의 대표자이고 상징이기 때문이다. 사제는 인간을 신에게 중재할 뿐 아니라 신을 인간에게 중재한다. 여자는 남자가 그렇듯이 신 앞에 인간을 대표할 수 있다. 왜냐하면 여자는 동등하게 인간이고 가치와 선과 경건의 존재이기 때문이다. 그러나 여자는 인간 앞에 이 신을 대표할 수 없다. 왜냐하면 신은 우리의 어머니가 아니라 우리의 아버지이기 때문이다. 지구는 우리의 어머니이다.

예수는 항상 하느님을 "아버지"라고 불렀다. 그렇지만 예수는 결코 남성 우월주의자는 아니었다. 그는 당대의 다른 사람보다도 여자를 더 많이 자유롭게 하였다. 그러나 그는 역시 유대인이었다. 그는 유대교가 참된 신(the true God)의 계시라고 믿었다. 그는 하느님이 우리에게 그분에 관하여 어떻게 말하는가를 가르쳤다고 믿었다. 그는 이것을 믿었다는 것만이 아니다. 그는 이것을 알았다. 왜냐하면 그는 거기에 있었기 때문이다. 그는 영원한 로고스, 신의 마음 또는 이성 또는 말씀이었(고 말씀이)다. 그는 유대교를 창시한 마음이었다. 그가 거짓말쟁이가 아니고 유대교가 거짓이 아니라면 말이다.

힌두교의 일신론은 다신론과 평화를 유지해 왔다. 오늘날까지 힌두교 신자는 하나의 신만이 아니라 다수의 신을 숭배한다. 브라만 자신은 차별 없이 동등하게 생명의 내재적 "창조자" 비슈누, 파괴의 신 시바, 그리고 수천의 손을 가지고 있는 시바의 배우자 칼리에게 현시한다. 그는 문자 그대로 이름을 가지고 있는 수천의 신과 여신에 현시한다. 그러나 유대인의 경우에는 여타의 다른 신은 전혀 없었다. 하느님이 소탕차 예기치 않게 종교 간 상호 협력을 무시하고 쓸어버리면, 모든 세계 종교의 모든 신은 제거된다.

역사는 다신론에게 친절을 베풀지 않았다. 서양에서 모든 다른 신들은 사망했다. (다이애나, 미트라스, 제우스 등과 같은 신전들이 얼마나 많이 자신의 전화번호부에 기재되어 있는가?) 마찬가지로 그러한 신들을 숭배하는 자들도 없어졌다. (여러분이 가나안족, 모아브족, 히타이트족과 마지막으로 대화를 나눈 지가 언제였던가?) 아브라함 이후 4천 년 동안 세계 인구의 반이 "하느님을 제외하고는 어떤 다른 신도 없다는 것을 배워 왔다." 그는 일자이고 창조주이며 유일무이한 분이다.

이것이 예수의 형이상학의 최초 지점이다. 그것은 독창적인 것이 아니다. 모든 유대인들이 그것을 알고 있었다. 이러한 역사적 사실을 무시하고 의심하고 약화시키는 누구라도 예수의 철학을 이해할 수 없을 것이다.

그다음으로 유대인이 믿는 둘째 신념이 있다. 이것은 하느님의 뜻은 완전히 선하고 올바르며 거룩하고 정의롭다는 신념이다. 하느님은 여러분이 매수할 수 없는 단 한 분밖에 없는 신이다. 이것은 궁극적 실재의 성품이고, 또 우리가 진정으로 실재적이기 위해 궁극적 실재의 성품에 일치해야 하므로, 삶의 의미는 거룩해지는 것, 즉 성인(聖人)이 되는 것이어야 한다는 결론이 나온다. 도덕은 형이상학에서 유출된다. 왜냐하면 선은 하느님에서 유출되기 때문이다. "나 야훼 너희 하느님이 거룩하니, 너희도 거룩한 사람이 되어라." 이러한 관련은 토라(Torah)의 예전 성구처럼 반복된다. 다신론의 신 및 범신론의 신과 달리, 하느님은 어두운 부분이 없다. 바로 이것이 우리가 어두운 면을 가지고 있어서는 안 되는 이유이다. 유대교의 형이상학이 윤리학에 대해 가지는 결론은 세계를 요동하게 하는 것이었다. 세계는 유대인의 아버지를 가졌기 때문에 유대인의 어머니, 유대인의 양심을 가졌다.

이러한 하느님의 선성(善性)은 완전하기만 한 것은 아니다. 그것은 완전한 것 이상이다. 그것은 자신을 넘어서 빛처럼 흘러나와 퍼진다. 그것은 아가페이고 관용이며 이타성이고 자기를 내어놓고 희생하는 사랑이다. 하느님은 인간과의 친밀성을 추구하고 인간을 신부(新婦)로 맞아들이기를 추구한다. "너의 창조주께서 너의 남편이 아니시냐?"(이사 54:5) 이 때문에 하느님은 결혼이라는 기본 계약에 준비하도록 언약을 하였다.

어떤 이교도라고 하더라도 이러한 친밀성의 가능성, 심지어 그들의 신인동형론적 유한 신과의 친밀성, 다시 말해서 성경이 "신앙"이나 신실(fidelity)이라고 부르는 관계가 가능하다는 것을 어렴풋하게라도 알아차려 본 적이 없었다. 그러므로 어떠한 이교도라도 "죄"의 깊은 의미와 두려움 역시 이해한 적이 없었던 셈이다. 왜냐하면 죄는 이러한 관계를 파괴하는 것이기 때문이다. 죄와 신앙의 관계는 불신(infidelity)과 결혼의 관계와 같다. 결혼의 경이를 아는 사람만이 불신의 두려움을 알 수 있다.

이것이 유대인인 예수가 죄를 어떤 이교도가 받아들일 수 있는 것보다 더 많이 심각하게 받아들인 이유이고, 그가 우리를 죄로부터 구원하기 위해 최종 대가, 즉 그의 목숨을 지불한 이유이다.

순수 이성 철학의 관점에서 보면, 유대교의 신 개념의 가장 놀라운 점은 신이 일자이고 완전하고 선하고 심지어 사랑이라는 데 있는 것이 아니라, 신 즉 무한한 존재가 성품을 가지고 있다는 데 있다. 그는 "존재의 근거"만이 아니라 인격 존재이기도 하다. 그리고 그

인격과 인격성은 기도의 경험, 도덕적 노력, 회개, 그리고 그분과의 결혼 생활을 통해 알려질 수 있다. 그는 무한하지만, "무한하다"고 해서 "성품이 없다"는 것을 의미하지는 않는다. 그는 무한히 거룩하고, 무한히 옳고, 무한히 의롭고, 무한히 사랑하는 등등이다. 그는 보편성에서 모든 것도 아니고 특수성에서 아무것도 아닌 것도 아니다. 그는 선과 악을 구별하고 생각과 삶이 일치하게 행할 것을 요구한다. 그는 그러한 목적으로, 말하자면 도덕적으로 좁은 길을 가기 위해서, 바르게 판단하기 위해서, 선과 악을 구별하기 위해서 양심이라는 내부의 예언자를 우리에게 허락한다. 왜냐하면 그는 무한하게 좁은 길을 걷는 마음이기 때문이다. 그는 악과 타협하지 않는다. 우리가 그분의 자녀로서 그분의 가족과 함께 살고자 한다면 그렇게 하지 않으면 안 된다. 그분의 독생자가 자기 아버지와 같은 것처럼 그분의 자녀가 된 우리도 아버지처럼 되어야 한다. 이것이 하느님이 우리에게 "하늘에 계신 아버지께서 완전하신 것같이 너희도 완전한 사람이 되어라"(마태 5:48)라고 말하는 이유이다.

예수 이전의 종교적인 유대인들은 이미 그들의 예언자들에게서 하느님(그들이 하느님은 영원한 아들을 가졌다는 것을 알지 못했지만)과 궁극적 실재 그리고 형이상학에 관한 이 놀라운 진리들을 대부분 배워 왔던 것이다. 예수가 한 일이라고는 그들이 이미 알았던 바를 보여 주는 것이었고 그것을 "가까이에서 인격적으로" 하느님의 얼굴을 "면전에서" 보여 주는 것이었다. 그는 그들에게 새로운 신을 보여 주거나 신의 새로운 개념 또는 속성을 보여 주었던 것이 아니다. 그는 그들에게 신의 새로운 행위이자 가장 위대한 신적 행위 중의 행위, 즉 성육신(成肉身)을 보여 주었고 그리고 이 안에 있는 신의 고난, 죽음, 부활의 구속 행위를 보여 주었던 것이다.

아버지와 아들은 동일한 하느님이다. 왜냐하면 "나를 보았으면 곧 아버지를 본 것이다"(요한 14:9)라는 것 때문이다. "부전자전이다." 예수는 재현된 하느님이 아니라 나타난 하느님, 최대로 나타난 하느님, 신앙으로만이 아니라 보거나 만짐으로써 알려진 하느님이다. 천국이 지상으로 온 것이다. 이것은 천국의 새로운 개념이 아니라 천국의 새로운 현존이다. 예수는 자신이 선택한 백성에게 33년 동안 천국을 보여 주었다. 왜냐하면 천국은 하느님이 계신 곳이기 때문이다. 하느님이 천국을 규정하지 천국이 하느님을 규정하지 않는다.

2. 예수의 새로운 신 이름

예수가 말한 신이라는 이름은 하느님이 모세에게 계시했던 이름 이상으로 놀라운 것이었다. 모세를 통해 유대인들은 하느님이 스스로 존재하는 자, 일자, 영원자, 완전자, 유일자, 순수 참된 인격이라는 것을 배웠다. 그런데 예수는 이 인격을 어느 누구도 상상하거나 감히 사용해 본 적이 없는 이름, 즉 "아버지"라고 불렀다.

이것은 두 가지 충격을 뜻한다. 하느님은 영원으로 볼 때 본성상 예수의 아버지라는 것과 시간으로 볼 때 우리를 자녀로 삼는 우리의 아버지라는 것이다.

("양자"는 고대 세계에서 입양된 남자만이 아니라 여자도 가리키는 법적 속명이다. 왜냐하면 상속권은 남자에게만 주어지므로 여자에게 상속권이 주어지기 위해서 입양된 여자는 양자로 취급되어야 하기 때문이다. 그래서 "아들"은 남자만이 아니라 여자도 그리스도를 통해 하느님의 모든 부를 충분하게 영적으로 상속받을 권리를 가졌다는 것을 지시하기 위해 반드시 필요했던 단어다. 참으로 "포괄적"이라는 논점은 분명히 "배제적"이라는 단어를 통해서 표현될 수밖에 없을 것이다.)

그런데 예수는 더 멀리 나아갔다. 말하자면 그가 한 말은 "아빠(Abba)"였는데, 이 단어는 "아버지"만이 아니라 자녀들이나 심지어 아기들이 사용하는 친밀함을 나타내는 대디(Daddy) 즉 "아빠"라는 말이다. (아기들도 "아빠"나 "다다Dada"라고 웅얼거린다.) 무한 초월자인 하느님은 지금과 이후의 시간 동안 그리고 영원히 역시 무한히 친밀하신 하느님이라는 것이다. 아버지는 아기 말투를 쓰며 유아방에서 아기와 함께 이 순간 장난치고 있다는 것이다. 접근 불가의 신성이 이처럼 접근 가능한 것이 되어서 하느님은 살해될 수 있게 되었다. 하느님은 그분의 영에서나 피에서나 접근 가능하게 되었다. 그의 구원의 언어는 권능의 말로서, 철학자의 것처럼 이를테면 "이것이 나의 사상이다"가 아니라 "이것은 내 몸이다"(마태 26:26)라는 것이었다.

사도 요한은 처음 복음 서신을 쓸 때 저 역설을 묵상하면서 만년의 나이에도 엄청 놀라게 된다. 요한 복음의 첫 문장은 이렇게 시작된다. "한처음, 천지가 창조되기 전부터 말씀이 계셨다. 말씀은 하느님과 함께 계셨고 하느님과 똑같은 분이셨다. …… 말씀이 사람이 되셔서 우리와 함께 계셨는데 우리는 그분의 영광을 보았다." 또 그의 요한 I서의 첫 문장은 이렇게 시작된다. "그 말씀은 천지가 창조되기 전부터 계셨습니다. 우리는 그 말씀을 듣고 눈으로 보고 실제로 목격하고 손으로 만져보았습니다." 모든 현시의 현시되지 않은 원천이 이제는 현시되었다. "하늘 아래의 만물" 너머로, 그리고 그 배후에 있던 "도(Tao)"가 만물의 하나가 되었다.

〈하느님 = 그리스도〉의 등식은 〈$E = MC^2$〉의 등식과 같다. 신의 에너지는 일종의 핵 초월 분열 속에서 물질로 전환되었다. 신적 주체("나")가 인간 대상("그")이 되었다. 천국의 광속도가 유한 속도가 되었다.

하느님은 왜 이런 일을 했는가?

3. 사랑의 형이상학

"우리가 아버지와 그리고 그분의 아들 예수 그리스도와 사귀는 친교를 여러분도 함께 나눌 수 있게 하려는 것입니다."(요한 I서 1:3) 성육신의 신학적 역설의 가장 중요한 사항 또는 실제적 결말은 궁극적 실재와 사귀는 또는 친밀해질 수 있는 종교적 기회라는 것이다. 이것이 형이상학의 근본 문제, 즉 존재를 어떻게 아는가에 대한 가장 급진적 해결책이다. 존재("스스로 존재하는 자")는 역시 인격("나")임이 드러났고 인식은 결혼임이 드러났나. 형이상학의 대상이 형이상학자에게 결혼해 달라고 청혼하는 셈이다. 이것은 전혀 예상 밖의 것으로서, 뉴턴이 만유인력의 법칙을 발견했을 때 우주 중력이 "나와 결혼해 주시겠어요?"라고 말하는 소리를 들었던 것과 같다. 이것은 직각삼각형이 피타고라스와 사랑에 빠졌다고 고백한 것과 같다.

사랑만이 이러한 도취를 동기화할 수 있을 것이다. 그리스도가 십자가 위에서 벌린 팔도 아이들처럼 말하는 질문에 하느님이 제시한 대답이다. "당신은 나를 얼마나 사랑하시나요?" "이만큼 사랑한단다." 이 팔의 거리는 어느 정도나 되는 것인가? 그것은 성육신에 의해 연결되는 하늘과 땅 사이의 거리이고, 우리의 구원에 의해서 연결되는 천국과 지옥 사이의 거리이다.

그리스도는 하느님의 궁극적 계시이자 궁극적 실재이고 형이상학의 가장 심원한 비밀이다. 인간의 형이상학적 탐구는 골고다 즉 해골 언덕에서 그 지상의 최종 성취를 발견한다. 말하자면 골고다에서 세상은 역사적으로 가장 극적인 사건, 즉 죽음과 생명이 기적적으로 전투를 벌인 장면(죽음과 삶이 묘한 싸움을 한다*Mors et Vita* *duello, conflixere mirando* –「진혼 미사곡」에 나오는 가사 중에서)을 보았던 것이다. 생명은 권력으로가 아니라 사랑으로 죽음을 정복했다. 어린 양이 자신의 비밀 병기 즉 자신의 피와 사랑으로 큰 짐승을 패퇴시켰다. 그는 자신이 전도(轉倒)된 드라큘라인 양 짐승에게 자신의 피를 마시게 만들어 버렸다.

그는 피 한 방울로도 우리를 구원할 수 있었을 것이다. 왜 그는 그와 같은 피의 죽음을 맞이했는가? 왜냐하면 그는 더 많은 피를 흘릴 수 있었기 때문이다. 인간의 형이상학적 탐구에 대한 하느님의 대답은 개념이나 신화적 상징이 아니라 바로 그 행위이거니와, 이는 학자들에게는 스캔들이다. 여러분은 십자가의 예수상을 주시할 때 궁극적 실재의 본성을 볼 수 있다. 현자나 구루의 최고의 신비적 경험이나 플라톤과 아리스토텔레스의 최고의 철학적 체계에서보다는 그리스도 자녀들의 단순한 시선에 더 형이상학적인 지혜가 놓여 있다. 그들은 존재의 경험이나 개념을 알았을지도 모른다. 하지만 그리스도의 자녀들은 존재의 얼굴을 본다.

죽을 수밖에 없는 인간이 감히 그러한 이야기를 상상이나 할 수 있었을 것인가? 인간의 마음이 그러한 생각을 해 본 적이나 있었을 것인가? 결과는 원인보다 월등할 수 없다. 그러한 생각 — 즉 완전한 하느님이 우리와 같은 죄인의 절망적인 필요에 빠져 있는 것처럼 행동해야 했다는 것 — 은 너무나 부조리해서 지옥 같은 정신 분열이거나 천국의 계시이거나 이 둘 중의 하나이지 않을 수 없다.

우리는 하느님이 우리를 사랑한다는 것을 그리스도를 배제하고서 달리 어떻게 알 수 있었을 것인가? 그는 진정성을 가지고 진실로 우리를 사랑하는데, 적절한 인류애만이 아니라, 전혀 적절하지 않은 열정으로, 우리를 사랑한다. 누군가 감히 이러한 사랑을 희망할지라도 도대체 그러한 미친 희망에 무슨 근거가 있을 것인가? 우리는 어떤 자료를 가지고 있는가? 어떤 증거를 가지고 있는가? 자연("필사적으로 잔혹한 자연")도 인간의 삶("고독하고 곤핍하고 더럽고 거칠고 한시적인")도 인간의 역사("사람의 행복이 희생 제물로 바쳐지는 살인 의자")도 확실히 아니다. 하느님이 사랑이라는 것을 인식하기 위해 우리가 소유해야 하는 유일한 자료는 바로 예수 그리스도이다.

그러나 일단 계시되기만 하면 이 부조리한 이야기는 완전히 아름다운 이야기로 나타난다. 톨킨(Tolkien)은 복음에 대해서 이렇게 말한다. "진리이기를 바라는 이야기꾼이 더 이상 아무도 없다." 왜냐하면 삶의 가장 커다란 기쁨은 사랑받는 것, 열정적으로 사랑받는 것, 무한하게 사랑받는 것, 우리의 모든 결점이 드러나며 전적으로 알려지게 되지만, 그래도 전적으로 사랑받는 것에 있기 때문이다.

사르트르는 『출구는 없다 *No Exit*』에서 이것이 얼마나 불가능한 것인가를 보여 준다. 그는 이렇게 논변한다. 내가 너를 아는 것은 내가 너를 사랑할 수 없게 만드는 모든 것을 아는 것이고, 내가 너를 사랑하는 것은 내가 나 자신의 이상, 포부, 환상을 사랑하는 것이다. 하느님만이 불가능을 가능으로 만들었다. 즉 사랑받는 것과 알려지는 것을 동시에 가능하게 만들었다. 이것이 천국적인 것이 아니겠는가? 여러분처럼 어리석고 죄짓는 인간이 바로 여러분과 같은 인간에게서 조금이라도 또는 지극히 소량이라도 그와 같은 사랑을 받았을 때 느끼는 기쁨을 한번 생각해 보라. 이제 인성과 신성 사이의 차이를 무한히 증폭시켜 보라. 그러면 여러분은 하느님에 의해서 알려지고 사랑받는 기쁨을 이해할 수 있게 될 것이다. 얼마만큼 사랑받는다는 것인가? 이만큼. 그리스도가 사랑 받았던 만큼 사랑받는 것이다.

그러나 우리는 죄의 그림자 속에 살고 있고 창조 당시에 입었던 신적 영광 위로 빛나고 있던 빛을 흡수하는 옷을 입고 살고 있다. 이것이 하느님의 사랑이 남자나 여자의 사랑보다 우리에게 덜 사무치고 덜 강렬한 것처럼 보이는 이유이다. 그러나 이 그림자는 그리스도에 의해 걷혔다. 그것은 성전의 지성소를 가린 장막이었고, 이제는 그리스도에 의해 찢어졌다. 우리가 성화된 눈으로 이 광경을 지닌 채 천국에 가게 되면 그 장막은 완전히 제거될 것이다. 지금 상태로는, 예수의 빈 무덤 안에서 한 치 앞만을 바라보는 광경을 지속할 수 있을 뿐이다. (멜 깁슨의 영화 「패션 오브 크라이스트*The Passion of Christ*」에 나오는 마지막 장면을 생각해 보라.) 아마도 이것이 그리스도가 우리로 하여금 자신의 부활 사건의 실제 증언자일 수 없도록 막은 이유일 것이다. 그렇게 되었더라면 우리는 모두 눈이 멀게 되었을 것이다.

4. 형이상학의 도덕적 귀결

이러한 형이상학이 도덕에 대해 가지는 귀결점은 심중하다. 사랑은 궁극적 실재, 하나님에 "전면적으로 일치하기(go all the way up)" 때문에 도덕성도 마찬가지이다. 진정한 실재적 도덕성(법적, 실용적, 정치적 도덕성과 구별하여)은 그 근거를 형이상학에 둔다. 왜냐하면 도덕성의 본질, 즉 아가페 사랑은 신의 존재의 본질이기 때문이다. 그리스도가 사랑뿐만 아니라 사랑의 형이상학, 다시 말해서 사랑이 하느님의 본질이라는 사실, 사랑이 절대 최종적으로 결국은 "사랑이 존재하는 방식"이라는 사실을 계시함으로써 형이상학에 혁명을 가져왔다.

모든 설명은 A와 B 사이의 관계를 설명한다. A를 B가 설명하고 B를 C가 설명하고 C를 D가 설명한다. 그러나 최종적으로는, 다른 어떤 것에 의해 설명되지 않고 그 자체에 의해서 설명되는 무언가가 있어야 한다. 우리는 바로 그와 같은 어떤 것에 대해서 단순하게 그 이유는 "그것은 그것이 존재하는 방식 그 자체이다"라는 것 외에 달리 말할 수 없다. 그리스도는 "그것이 존재하는 방식"이 사랑이라는 것을 계시했다. 최종 등식은 "존재는 존재이다"가 아니라 "하느님은 사랑이시다"(요한 I서 4:8)라는 것이다.

"그것이 존재하는 방식"에 관한 이러한 궁극적 진리, 하느님은 사랑이라는 이러한 진리야말로 기독교의 또 다른 놀라운 역설, 즉 절대적 일자이신 하느님은 삼위일체의 인격을 가지신 분이라는 역설의 배후에 있는 이유인 것이다. 이 이유는 지고의 단 한 분이신 최고 일자가 수나 물질의 일자가 아니라 사랑의 일자라는 사실을 가리킨다. 물질은 수학적 법칙, 말하자면 양의 법칙인 물질 법칙을 따른다. 물질은 양으로 계산될 수 있는 것이다. 그러나 수학적, 연산적 통일성이 최고 종류의 통일성은 아니며 가장 통합된 종류의 통일성도 아니다. 차라리 사랑하는 자의 동일성과 사랑받는 자의 동일성이 행동과 인격에서 동일화되는 것이야말로 그보다 더 높은 통일성이다. 여기서 "더 높은" 통일성이라는 말은 "더 나은" 통일성이라는 의미뿐만 아니라 "더 참되게 나은 통일성"이라는 의미를 가진다.

우리는 비록 한시적 사랑이지만 우리의 엷은 사랑에서도 이러한 통일성을 어렴풋하지만 명확하게 지각할 수 있다. 사랑하는 자는 자신의 통일성, 동일성, 자아, "나"를 자기 자신에게서보다는 자신이 사랑하는 자에게서 더 많이 발견한다.* 사랑받는 자의 죽음이나 고통 또는 죄는 그 자신에게보다는 사랑하는 자의 삶과 동일성과 기쁨에 더 위협적이다. 우리는 이 이상한 사실을 우리가 사랑하는 경험을 하는 데서 알게 된다. 따라서 우리는 삼위일체의 토대를 경험으로 아는 셈이다. 우리는 그것을 이론으로가 아니라 사랑을 실천함으

* 내가 여자였다면 "그녀의" 통일성과 "그녀 자신"이라고 적었을 수도 있다. 나는 "그의 자아, 그녀의 자아" 또는 "그들 자신"이라고 적지 않겠다. 왜냐하면 문법을 남용하는 것이 할머니를 남용하는 죄를 보상해 주는 것은 아니기 때문이다.

로써, 삼위일체가 무엇인지를 실천함으로써 아는 것이다.

그러나 그처럼 체험된 실체가 먼저라면 이론은 그림자처럼 따라 나오는 것일 수 있다. 말하자면 그 점에 관해 어떤 이론이 나올 수 있다. 즉 우리가 이미 보았던 것처럼 최고 종류의 통일성이자 가장 통합된 종류의 통일성인 그 사랑은 한갓 이기적인 사랑이 아니고 자기 성애(auto-eroticism)가 아니라면 하나 이상의 인격을 요구한다. 그 사랑은 사랑하는 자를 요구하고 사랑받는 자 즉 타자를 요구한다.

최고의 수준에서 이루어지기에, 사랑하는 자와 사랑받는 자 사이의 사랑은 너무 실재적일 수가 있어서 그 자체가 실재이고 제3의 인격이다. 왜냐하면 사랑은 결실을 맺고 창조적인 것이기 때문이다. 인간의 성은 이러한 궁극적 사실의 희미하면서도 거룩한 이미지이다. 이것이 인간의 덧없는 성행위가 그 말의 두 가지 의미에서, 즉 형언할 수 없이 기쁘다는 것과 신비스럽게 자기 바깥에 존재하게 된다는 의미에서, 그토록 망아적(忘我的)인 이유이다. 그것은 단순한 동물 수준에서 가능한 것들을 넘어선다. 왜냐하면 그것은 삼위일체의 무한하고 영원한 망아경(忘我境)의 이미지이기 때문이다.

하느님이 단 한분의 인격이고 또 완전한 사랑 대신에 한 명의 사랑하는 사람이라고 해 보자. 그렇다면 그는 사랑할 다른 사람을 필요로 할 것이고, 따라서 하느님은 자신의 피조물이 필요할 것이다. 그렇지 않다면 그는 다른 사람이 필요하지 않을 것이고, 따라서 그의 사랑은 자기 사랑일 뿐이다. 이러한 자기 사랑은 경쟁적이지 않고 죄스러운 것도 아니겠지만, 이기적이지 않은 사랑이 영적으로 그리고 성적으로 생산할 수 있고 또 생산하는 망아경과 기쁨을 생산할 수 없다.

하느님은 완전하기 때문에 그는 완전한 사랑이다. 즉 그는 사랑하는 자, 사랑받는 자, 사랑 행위가 일체이다. 즉 사랑의 주체, 사랑의 대상, 사랑의 행위는 하나이다. 이 세 가지 각각은 하느님 안에서 너무 실재적이라서 정신적으로 구별되는 추상적 면일 뿐만 아니라 실재적으로 구별되는 구체적인 실재적 인격이다.

그래서 궁극적 실재의 본성은 삼위일체 즉 절대적 일자성이면서도 절대적 다수성이라고 하는 것이다. 통일성과 복수성은 "전면적으로 일치한다." 이것도 역시 그리스도에 의해서만 계시된다. 그리스도를 믿지 않는 어느 누구도 삼위일체를 믿지 않는다. 형이상학의 궁극적 비결을 위한 자료는 그리스도이다. 그리스도는 세계의 가장 위대한 형이상학자이다.

5. 존재론의 열쇠로서 거룩함

성인(聖人)은 "작은 그리스도"이기 때문에 가브리엘 마르셀(Gabriel Marcel)이 "거룩함이 존재론으로 들어가는 참된 입문"이라고 말한 것은 옳다.(『실존주의 철학 *The Philosophy of Existentialism*』에 실린 글, "존재론적 신비 Ontological Mistery")

이것은 내가 지금까지 철학자로부터 들었던 말 중에서 가장 수수께끼 같으면서 가장 많이 열매를 맺을 수 있는 말이다. 그것은 감상주의가 아니라 완전한 논리이다. 그 이유를 제시한다.

(1) 존재론 또는 형이상학은 존재의 학문이다.

(2) 존재 또는 실재에 대한 우리의 가장 명료한 이해는 덜 실재적인 존재로부터가 아니라 가장 실재적인 존재로부터 온다.

(3) 가장 실재적인 존재, 모든 실재의 원천이요 표준이요 원형은 신이다.

(4) 그런데 우리는 신을 대상으로서 직접적으로 알지 못한다. 왜냐하면 그의 이름은 객체가 아니라 주체(스스로 존재하는 자)이기 때문이다.

(5) 우리는 또한 객체가 아니라 주체이다. 왜냐하면 우리는 신의 형상에 따라 창조되었기 때문이다.

(6) 그런데 우리는 하여간 우리 자신을 알 수 있고 안다.

(7) 따라서 형이상학의 열쇠 또는 문 또는 창은 인격성 또는 주체적임이다.

(8) 그러나 인격성은 존재처럼 유비적이다. 그것은 정도의 문제이다. 우리는 본래성이 더하거나 덜하고 실재성이 더하거나 덜하다. 원자는 영혼만큼 실재적이지 않고 인간 영혼은 신만큼 실재적이지 않다.

(9) 가장 실재적인 인간의 인격은 성인(聖人)이다. 그들은 우리가

되어야만 하는 바로 그런 존재 전체이다.

(10) 그러므로 거룩함에 대한 연구는 존재 연구의 열쇠이다.

이제 그리스도의 중심 역할에 역점을 두면서 이를 다시 상론해 보자.

(1) 형이상학은 존재의 학문이다.

(2) 존재의 본성은 신의 본성이다. 왜냐하면 모든 존재는 모든 존재의 창조주 신에 의해서 규정되기 때문이다. 예를 들면, 모든 존재는 선하다. 왜냐하면 신이 선하고 모든 존재는 최고선 즉 창조주이거나 아니면 창조주에 의해 창조된 피조물이며, 그러므로 역시 선하기 때문이다.

(3) 신은 자기 자신을 자신의 로고스, 영원한 말씀, 마음 안에서 "말하고" 또는 "표현하고" 또는 "계시한다." 이것은 영원한 그리스도이다. 예수는 그의 인간적 이름이고 로고스는 그의 영원한 이름이다. 그것은 동일한 인격이다. 성부는 성자(聖子) 속에서 자신의 모든 자아를 표현하는 데에 어떠한 방해도 하지 않는다.

(4) 성자(聖子)는 인간이 되었고 우리에게 신 즉 존재의 최종적이고 명확한 완전한 계시를 준다.

(5) 성인(聖人)은 작은 그리스도이다. 우리는 성인를 통해서 그리스도를 본다. 성인은 그리스도의 많은 빛을 통과시키는 창문이다. 그리고 그리스도의 빛은 존재의 빛인 아버지의 빛이다.

(6) 이것이 성인(聖人)이 존재의 창이 되고 거룩함에 대한 연구가

형이상학의 열쇠가 되는 이유이다.

마르셀의 말은 형이상학과 거룩함을 분리하여 별도의 요소로 만드는 우리의 미련하고도 해로운 습관을 반박한다. 한편으로, 형이상학은 객관적이고 비인격적이라고 가정된다. 그러나 형이상학의 궁극적인 대상, 즉 궁극적 존재, 궁극적 실재는 인격인 것이다. 그의 이름은 "스스로 존재하는 자"이다. 다른 한편으로, 거룩함은 주체적이고 심리학적인 것이라고 가정된다. 그러나 성인이라는 궁극적 지점은 실재적이라는 것이고 신적이라는 것이며 객관적 실재의 궁극적 본성과 같이 되는 것이며 따라서 그와 같은 본성을 계시하는 것이다.

형이상학과 거룩함 사이의 관계를 보는 다른 방식은 신의 이름 두 가지를 상기하는 것이다. 즉 신은 사랑(아가페)이라는 것과 신은 필연적인 존재, 사물이 존재하는 불변하는 방식, 순수 실재, 궁극적 실재라는 것이다. 이렇게 궁극적 실재는 아가페적인 사랑이고, 따라서 형이상학의 대상은 거룩함이라는 대상인 것이다.

여전히 다른 공식이 있을 수 있다. 형이상학을 하는 데 성공하기 위해 우리는 전적으로 실재적인 것을 알아야 한다. 완전한 실재를 인식하기 위해서 우리는 사랑해야 하고, 사랑한다 함은 성인이 되는 것이다. 그러므로 성공적으로 형이상학을 한다 함은 성인이 되는 것이다.

6. "스스로 존재하는 자"의 형이상학

성육신의 사건이 임할 때까지 유대인들은 신을 형상화하거나 그리는 것이 금지되었다. 왜냐하면 하느님이 불타는 떨기 가운데서 모세에게 준 이름으로부터 계시된 신의 본질은 "나는 스스로 있는 자"(출애굽기 3:14)라는 것이었다. 신은 순수 주체이지 객체가 아니다. 신에 대한 어떠한 그림도 존재하지 않는다. 왜냐하면 신은 카메라 뒤에 있기 때문이다.

카메라를 교체한 후로 되돌아가 보자. 이때 할아버지는 모든 가족 사진을 가지고 있는 유일한 한 사람이고, 그 이외의 모든 가족들은 항상 할아버지의 사진 속에 다 들어 있다. 그러나 그는 사진 속에 없다. 그는 카메라가 하나밖에 없으며 그 카메라를 다른 가족에게 주는 것은 자기 마음이고, 그래서 그는 자신의 사진을 찍도록 할 수 있다. 이것이 하느님이 사람으로 태어난 성육신의 모습으로 행한 것이다. 존재가 하나의 존재자가 되었고, 주체가 하나의 객체가 되었으며, 신이 인간이 되었고, 스스로 존재하는 나는 하나의 그가 되었다.

그렇지만 여전히 그는 스스로 존재하는 나이다. 그가 이제 자신의 피조물과 어떻게 상호작용하는지를 살펴보면 "스스로 존재하는 자"라는 이름 속에 들어 있는 형이상학적 비결을 간파할 수 있을 것이다.

"너희의 조상 아브라함은 내 날을 보리라는 희망에 차 있었고 과연 그 날을 보고 기뻐하였다."

유다인들은 이 말씀을 듣고 "당신이 아직 쉰 살도 못되었는데 아브라함을 보았단 말이오?" 하고 따지고 들었다.

예수께서는 "정말 잘 들어두어라. 나는 아브라함이 태어나기 전부터 있었다." 하고 대답하셨다.

이 말씀을 듣고 그들은 돌을 집어 예수를 치려고 하였다.

(요한 8:56-59)

예수가 누구인지 즉 스스로 존재하는 자, 객체가 아닌 주체에 대해 가장 뚜렷한 증거 본문 가운데 하나는 그가 어떻게 항상 자신의 피조물과의 상호작용 속에서 자신의 동일성을 현시하는가 하는 점에 있다. 그는 자신의 어떤 만남에서도 시간 속에서이지만 영속적으로 자기 본성을 가지는 존재이다. 그는 첫째이기에 둘째일 수가 없고, 그는 주체이기에 객체일 수가 없다.

그는 자신이 동의하지 않는 한 인간의 조작과 통제의 대상일 수 없다. 이 동의는 물론 십자가 처형에서 절정에 달한다. 그러나 그가 말했나고 하는 말, 즉 "누가 나에게서 목숨을 빼앗아가는 것이 아니라 내가 스스로 바치는 것이다"(요한 10:18)라는 말을 생각해 보라.

그는 또한 인간이 이해하고 파악하는 대상이 아닐 수 있다. 왜냐하면 "그 빛이 어둠 속에서 비치고 있다. 그러나 어둠이 빛을 이겨본

적이 없다."(요한 1:5) 그가 적대자들에게 의심을 받을 때, 그가 생명의 위협을 받을 때, 그들이 그를 자신의 통제와 파악의 대상으로 삼을 때, 그는 빠져나갈 뿐만 아니라 관계를 바꿔 놓고, 그래서 자신이 질문자가 되어 그들을 질문을 받는 자로 바꾸어 놓는다. (예수는 유대인에게 전래되어 온 재담을 완전하게 이해하고 있다. 왜 랍비는 질문에 대해 항상 다른 질문으로 답하는가라는 물음에, 왜 랍비는 질문에 대해 다른 질문으로 답해서는 안 되는가라고 답한다.)

(1) "우리가 이 간음한 여자를 돌로 쳐 죽일까요?"

(그렇게 하면 너희는 로마에 도전하는 셈이다. 그렇게 하지 않으면 너희는 모세에 도전하는 셈이다.)

"너희 중에 누구든지 죄없는 사람이 먼저 저 여자를 돌로 쳐라." (요한 8:7)

(2) "우리가 카이사르 황제에게 세금을 바치는 것이 옳습니까 옳지 않습니까?"

(카이사르가 당신의 왕입니까 아닙니까? 이들은 곧 이어서 '우리들은 카이사르 외에 다른 왕이 없다' 고 외칠 사람들이었다.)

"카이사르의 것은 카이사르에게 돌리고 하느님의 것은 하느님께 돌려라."(그들은 그 반대로 하고 있었는데, 그 반대 대신에 그렇게 말했던 것이다.) (루가 20:25)

(3) "당신은 무슨 권한으로 이런 일을 하시오?"

“요한은 누구에게서 권한을 받아 세례를 베풀었느냐?”

“모르겠습니다.” 하고 대답하였다.

“나도 무슨 권한으로 이런 일을 하는지 말하지 않겠다.” 하고 말씀하셨다.(마태 21:27)

(4) “네 마음을 다하고 네 목숨을 다하고 네 힘을 다하고 네 생각을 다하여 주님이신 네 하느님을 사랑하여라. 그리고 네 이웃을 네 몸같이 사랑하여라.” “그러면 누가 저의 이웃입니까?”

그러고 나서, 선한 사마리아 사람의 비유를 말하고 난 뒤 “너도 가서 그렇게 하여라.”(누가 나의 이웃인가라는 질문에, 내가 하고 있는 것처럼 이웃이 되어 주라고 대답하고 있다.) (루가 10:37)

(5) “구원받을 사람은 얼마 안 되겠지요?”

“좁은 문으로 들어가도록 있는 힘을 다하여라.”(루가 13:24)

이 모든 사례에 공통적인 것은 판단하는 사람과 판단 받는 사람이 서로 위치를 바꾸게 된다는 점이다. 표범 예수가 사람들이 주위에 쳐놓은 철제 덫을 부수어 버리고 포획자를 내부로부터 포획해 버린다. 예수는 어부이자 어부 왕이다. 물고기는 우리이지 그 반대는 아니다. 이 어부가 물고기처럼 잡힐 수는 없다. 그는 그물에 걸리지 않으며 미끼를 물지 않는다. 광야에서 일어난 사탄의 유혹에도 마찬가지이다. 그의 입에는 갈고리에 걸릴 어떤 부분도 없다. 왜냐하면 그의 입은 불이기 때문이다.

이러한 현상은 요한 복음에서 특별하게 드러난다. 요한 복음 1장에 보면 그분의 입에서 나오는 말, 즉 "너희가 바라는 것이 무엇이냐?"(요한 1:38)라고 기록한 구절이 나온다. 이 물음은 흔히 있는 일상적인 말이지만, 심원하다.

심원한 이유는 우리 마음의 심층을 파고드는 탐문이기 때문이다. 그것은 "너희는 무엇을 가장 사랑하느냐"를 의미한다. 그것은 "너는 누구냐"를 의미한다. 왜냐하면 우리가 누구인지는 우리가 사랑하는 것이 무엇인가에 달려 있기 때문이다. 우리가 무엇인지는 우리가 사랑하는 것이 무엇인가로 되기 때문이다. 우리는 우리가 사랑하는 것이 무엇인가와 "동일시된다." 우리는 우리가 사랑하는 것이 무엇인지에 따라서 우리의 동일성을 발견한다. 성 아우구스티누스는 이 점을 매우 잘 알고 있었다. 바로 이것이 그가 "나의 사랑은 나의 중력이요 나의 무게요 나의 운명"이라고 적은 이유이다. 우리가 누구인지는 우리가 가장 사랑하는 것이 무엇인지, 우리의 마음을 쏟아 내보내는 것이 무엇인지로 되고 만다. 우리의 유전(遺傳)은 우리가 무엇인지를(what) 만들어 주지만, 우리의 마음은 우리가 누구인지를(who) 만들어 준다.

예수의 다음과 같은 말도 동일하다. "구하여라, 받을 것이다. 찾아라, 얻을 것이다. 문을 두드려라, 열릴 것이다. 누구든지 구하면 받고, 찾으면 얻고, 문을 두드리면 열릴 것이다.(마태 7:7-8) 달리 말하면, 너희가 사랑하는 것을 너희가 얻을 것이니, 너희가 사랑하는 것이 무엇인지에 주의하라는 것이다.

그렇다면 이것은 매우 위험한 일이다. 그러나 사랑스러운 일이다. 이것으로 당신은 변화될 것이다. 이것으로 당신의 삶은 변화될 것이다. 이것은 당신의 얼굴에 던져진 뜨거운 큰 돌만큼 객관적으로 실재적인 것이다. 이것은 당신 내부에 있는 하나의 생각이나 느낌만은 아니다. 이것은 실제로 일어나는 일이다. 우리는 우리가 사랑하는 것과 통합되고 만다. 우리는 우리가 사랑하는 것이 되고 만다. 당신이 초콜릿을 사랑하면 할수록 더욱 더 초콜릿이 되고 만다. 당신이 식인 풍습에 젖어들면 들수록 더욱 더 식인종이 되고 만다. 당신이 그리스도를 사랑하면 할수록 그리스도처럼 되고 만다. 이보다 더 무서운 것이 있을 수 없다. 세상이 그리스도에게 얼마나 겁을 먹었는가를 보라. 그들은 그리스도를 십자가에 처형해야만 했다.

여러분은 이렇게 되기를 원하는가? 예수가 여러분에게 묻는 질문은 자기 제자에게 인격적으로 집요하게 물었던 것처럼 "너도 이렇게 되기를 원하느냐?" 하는 것이다. 우리는 예수를 탐구하고 있다고 생각한다. 그러나 그는 우리의 탐구에 질문하고 우리의 마음에 질문한다. 그가 우리를 탐구하고 있는 셈이다. 그가 질문을 던지고 우리가 그에게 대답해야 하는 형편이다. 그 반대는 아니다. 이것이 정확하게 욥이 하느님을 만났을 때 발견하게 된 내용이다. 이것이 빅토르 프랭클(Viktor Frankl)이 아우슈비츠 수용소에서 포로들을 관찰하고서 발견한 내용이다. 그들에게 일어난 이 분노, 너무 엄청나서 마음에 담아 둘 수 없는 이 고통, 의미의 문제(왜 내가 이토록 비참한 고통을 받아야 하는가?)를 제기하지 않을 수 없는 이 참혹은 대답이 아니라 질문이었다는 사실, 그들은 자신의 행동을 통해서만 그 문제에 대한 대답을 발견할 수 있었다는 사실, 그들은 대답이었고 삶은 질문이었다는 사실, 더 정확히 말해서 그 반대는 아니었다는 사실이 그들이 발견한 내용이다. 그들이 "삶"이 하느님의 가면을 쓰고 있고 그 삶의 배후에 하느님이 있었다고 믿든지 말든지, 하느님이 그들에게 질문을 던지는 "삶"이었을 뿐이라고 믿든지 말든지와는 상관없이 그들이 발견한 내용은 진리였다.

예수가 던지고 있는 바, 네 단어로 이루어진 "너도 이렇게 되기를 원하느냐?" 하는 질문은 한 가지 물음이 아니라 여러 물음이다. 예컨대 그는 당대의 유대인들 대부분이 잘못 대답하고 있었던 물음을 던지고 있다. 이는 "너는 정치적 메시아를 원하느냐"라고 묻는 오늘날의 대부분의 이방 민족들도 마찬가지이다. 말하자면 너희는 정치적 목적을 달성하기 위한 수단을 원하느냐 하는 것이다. 너희가 좌파든 우파든, 사회주의자든 자유주의자든, 전제주의자든 마르크스주의자든, 헤롯 왕 지지파든 열심당원(熱心黨員)이든, 협력파든 저항파든 하여간에 말이다. 예수는 질문을 던지면서 그들의 물음("당신은 우리의 메시아입니까?")에 대답하고 있었다. 그는 이렇게 말하고 있었다. "너희가 자연적 목적을 위해 초자연적 수단을 원한다면 나는 너희의 메시아가 아니다. 나에게 오지 마라." (아마도 이것이

유다가 예수를 배반한 이유였을 것이다. 정치는 이단 종교 재판부터 알 카에다에 이르기까지 여태껏 종교를 배반해 왔다.)

네 단어로 이루어진 그 질문으로 그는 또한 소그룹, 즉 그를 저항파라기보다 랍비로 보았던 탈정치적 성도들에게 강설하고 있었다. 그는 그들에게 이렇게 묻고 있었다. "너희는 너희를 편들어 주고 영합하고 선심 쓰며 나아가서 자기 명예와 만족과 자부심을 강화시켜 줄 교사를 원하느냐? 근심하게 한 세례자 요한과는 반대의 인물을 원하느냐? 너희가 아니라 너희의 적 로마제국을 저주하고 전복시킬 어떤 사람을 원하느냐? 그렇다면 나에게 오지 마라. 나는 너희의 메시아가 아니다."

그는 또한 더 적지만 의미 있는 무리들, 당대의 학자들과 철학적 인물들, 오랜 그의 추종자들에게도 강설하고 있었다. 그는 이렇게 묻고 있었다. "너희는 너희를 경악스럽게 하지 않을 또는 혼동스럽게 하지 않을 이성적 철학자를 원하느냐? 다시 말해 인간 지식의 안전한 작은 해변을 넘어서서 도전하도록 해서 너희를 안전하지 않게 할 교사보다, 가장 심오한 인간 지식을 넘어서 두려운 파고 속으로 깊이 뛰어들게 하는 교사보다, 이러한 심층에서 "그의 발 앞에 엎어져서 죽은 사람과 같이 되는"(요한의 묵시록 1:17) 그분의 임재 속에서 전능하신 거룩한 한 분을 실제로 만나게 하는 교사보다, 너희가 이미 알고 있는 것을 말해 주어서 안전을 보호해 주는 교사를 찾고 원하지 않느냐? 너희는 하느님보다는 오히려 만족감을 가져다줄 지적 사상을 만나기를 원하느냐? 또는 너희가 진실로 하느님을 만나고자 한다면 (랍비 아브라함 헤셸(Abraham Heschel)의 상기할 만한 단어를 사용해 보면) 그분을 지진으로서라기보다는 삼촌으로서 만나기를 원하느냐? 이것이 당신이 원하는 것이라면 나에게 오지 마라. 나는 너희의 메시아가 아니다."

우리가 예수에 대해 근본적인 물음을 던져 "당신은 누구인가?"라고 말하면, 그 말은 예수를 벗어나서 우리에게 되돌아와 우리의 얼굴을 치게 될 것이다. 우리가 먼저 그의 질문 "너는 누구냐? 너는 무엇을 원하느냐?"에 대답하기 전에는 그는 우리의 질문 "당신은 누구인가?"에 대답하지 않을 것이다. 우리가 그에게 가는 것은 그가 우리의 질문에 대한 답일 것이라는 희망을 품고 있기 때문이다. 그러면서도 우리는 우리가 그의 대답을 질문으로 받아들이는지를 그가 우리에게 묻고 있다는 사실을 발견한다.

이것은 수수께끼처럼 간지(奸智)도 아니고 소크라테스의 방법처럼 선택할 수 있는 방법도 아니다. 그것은 그가 누구인지에 관한 것 때문에 존재론적으로 불가피한 일이다. 그는 신이다. 신은 회답자도 우리의 종도 우리의 목적을 위한 수단도 아니다. 그렇게 생각하는 것은 이방 민족의 신인동형론이다. 그런 것은 결코 아니며 신은 목적이다. 신은 절대자이다. 신은 우리에 따라 상대적이지 않다. 우리가 그분에 따라 상대적이다. 그는 시작이요 창조주이며 창시자이다. 그는 사랑을 호소하는 구애자이고 우리는 구애받는 자이다. 그는 불어넣는 자이고 우리는 주입되는 자이다. 그는 신랑이고 우리는 신부이다. (구애 현상의 이미지는 사회적으로 달라질 수 있지만 불어넣는 자의 이미지는 그럴 수 없다. 이것이 성경에서 하느님이 항상 "그"이고 "그녀"가 아닌 이유이다. 그 반대로 생각하는 것은 형이상학적 오류를 범하는 것이고 존재 문법을 위반하는 것이며 궁극적 실재의 불변하는 본성을 거역하는 죄를 범하는 것이다.)

이것이 아브라함의 하느님, 실재적인 하느님이다. 다수의 유대계 미국인들과 그리스도인들처럼 아브라함의 이슬람교 자녀들은 대중심리학, 상대주의, 주관주의, 세속적 인본주의, 또는 "정치적으로 올바른" 페미니즘의 유혹에 결코 굴복하지 않았다. (그들은 이슬람 전체주의와 같은 다른 유혹을 가지고 있다. 우리들 가운데 아무도 면제되어 있지 않다.)

네 복음서에 나오는 그리스도와 우리 사이의 모든 만남은 하느님은 스스로 존재하는 자이고 객체 아닌 주체, 답변자 아닌 질문자, 피의자 아닌 심판자, 반응자 아닌 주도자(initiator)라는 사실에 의해 구조화되어 있다. 이것은 말하자면 참된 신의 단서요 지문이다. 경건한 유대인이나 이슬람교도가 복음서를 읽을 때 이러한 단서를 자신들의 경전에 기초해서 발견하는 것은 가능하다. 그리스도가 이러한 가능성을 언급하는 것은 다음과 같이 말할 때이다. "누구든지 아버지의 가르침을 듣고 배우는 사람은 나에게로 온다."(요한 6:45) "만일 너희가 모세를 믿는다면 나를 믿을 것이다.(요한 5:46)

이러한 가능성 또는 단서는 그리스도가 항상 주도자이고 반응자가 아니라는 사실에서 발견될 수 있는 그의 신성의 단서인데, 이는 정확히 두 전제만 참이 되면 우리가 기대해야 하는 것이다. 첫째는 기독교의 본질이다. 즉 그리스도는 신의 아들이라는 전제이다. 둘째는 "부전자전"의 원리가 문자적으로나 생물학적으로만이 아니라 유비적으로, 신학적으로도 참이라는 것이다. 왜냐하면 피조물이 창조주에서 파생되듯이 생물학적 실재는 신학적 실재에서 파생되기 때문이다. 이로부터 나오는 결론은 성부와 성자(聖子) 중 어느 하나를 참되게 아는 것은 다른 하나를 아는 것이 된다는 점이다.

경건한 이슬람교도를 상상해 보자. 경건한 이슬람교도는 참된 "신에 대한 복종" 또는 이슬람교도가 "알라"(알라는 단순하게 문자적으로 "하나밖에 없는 신"을 의미한다)라고 부르는 유일신에 대한 복종과 순종으로 충만한 사람이다. 이슬람교도는 예언자 무함마드를 깊이 존경한다. 왜냐하면 그는 무함마드 속에서 알라에 대한 "복종"의 완전한 사례를 보기 때문이다. 알라가 명령하면 무함마드는 복종한다. 알라가 "암송하라"고 명령하면 무함마드는 암송한다.

이제 이 이슬람교도가 최초로 복음서를 읽는다고 상상해 보자. 그는 예수가 무함마드처럼 아버지에게 전적으로 복종한다는 사실에 감명을 받을 것이다. ("나는 내 뜻을 이루려고 하늘에서 내려온 것이 아니라 나를 보내신 분의 뜻을 이루려고 왔다. …… 내가 가르치는 것은 내 것이 아니라 나를 보내신 분의 가르침이다." — 요한 6:38;

7:16) 이 사실은 예수가 대예언자 중의 한 사람이라는 이슬람교도의 믿음을 강화시켜 줄 것이다. 그렇게 되면 수수께끼가 발생한다. 무함마드와 달리, 예수는 심판 받는 자가 아니라 항상 심판하는 자이다. 코란은 그 자체로 무함마드를 죄인, 즉 알라가 죄를 회개하라고 명하는 사람으로 분류한다. 그러나 예수는 이렇게 말한다. "너희 가운데 누가 나에게 죄가 있다고 증명할 수 있느냐?"(요한 8:46) 게다가, 이 이슬람교도는 무함마드가 다음과 같이 선언하는 경우를 어떻게 생각할 것인가? 즉, 알라에게 아들이 있다는 신성모독적인 "부적절한" 기독교의 개념을 한탄한 후에, 무함마드가 갑자기 놀랍게도 "그렇지만 알라가 아들이 있었다면, 내가 그를 경배하는 최초의 인물일 것이라는 점을 알라"라고 선언한다면 어떻게 생각할 것인가?

시편 139편 19-24절에 나오는 다윗처럼 거기에는 불확실성의 가장 흐릿한 부호라도 있는 것인가?

이슬람교도가 복음서에 나오는 예수의 말에서 탐지할 수 있는 신의 지문은 그가 신성을 주장한다는 사실만이 아니다. 미친 사람도 그렇게는 한다. 이슬람교도는 지금의 경우, 미친 사람이 예수가 아니라, 복음서를 기록한 그리스도인이었다고 주장한다. 내가 언급하는 신의 지문은 그분이 주장하는 스타일이다. 그는 질문을 받을 때마다 상황을 반전시켜 질문하는 사람을 질문 받는 사람으로 바꾸어 놓는다. 그는 추상적이고 비인격적인 질문을 받을 때마다, 구체적이고 인격적인 대답을 내놓는다. 그는 자신이 누구인지를 주장하라는 질문을 받을 때, 그들에게 "제우스"처럼 객관화가 가능한 이름을 내놓는 것이 아니라, 그분의 실재적 임재를 선포하는 아버지의 거룩하고 유일한 이름, 즉 "스스로 존재하는 자(I AM)"를 내놓는다.

대철학자들이 "신의 존재-무신론자 대 유신론자"를 주제로 하는 학술대회에 많이 참석해 있다고 상상해 보자. 무신론 논변이 끝난 후에 유신론 논거가 어떤 방문학자 즉 신 그 자신에 의해 제시된다. 그가 학술대회에 나타나는 것은 이론을 변론하는 철학자로서가 아니라 자료로서인데, 그는 철학자들 배후로 몰래 다가가서 야유를 보내기도 한다.

이것은 아퀴나스가 『신학대전』에 실린 가장 유명한 논문인 신의 존재에 관한 논문에서 보여 준 최고의 거룩한 농담이다. (아퀴나스는 예수가 가지고 있는 동일한 종류의 유머 감각을 가지고 있다. 그것은 농담과는 정반대의 지점에 있다. 그것은 그가 대화를 나누고 있는 문제의 실체를 깊이 간직하고 있는 반어이다.) 『신학대전』에 실린 신의 존재에 관한 논문에서 아퀴나스는 자기 입장에 대한 반론을 열거한 후, 두 단계로 나누어 변론을 편다. 첫째는 "반대로"라는 공식과 권위적인 인용과 함께, 그러고 나서 "나는 답변한다"라는 공식과 함께 시작하면서 독창적 논의를 전개한다. 그러면 아퀴나스는 신의 존재에 관해 어떤 권위적인 인용을 사용하는가? 신에 관한 인용이 아니라 신으로부터 오는 인용이다. "반대로, 그것은 신 그 자신, "스스로 존재하는 자"의 인격으로 말해지고 있다." 신은 학술 토

론장에 들어와서 자기 자신을 증거로서 나타낸다. 이것은 십대 소녀가 자기가 참석해 있는데도 부재하는 것처럼 아버지가 자기에 대한 대화를 나눌 때 "우우"하고 야유를 보내는 것과 같다. 이것은 예수가 요한 복음 8장 58절(아브라함이 태어나기 전부터 내가 있다)에서 사용한 유머이다. 그가 받은 반응은 그를 쳐 죽일 돌이었다. 이것은 소크라테스가 무신론 혐의로 고소되어 재판을 받을 때 『소크라테스의 변론』에서 사용한 그의 유머와 동일한 것이다. 그는 자신의 성품이 델피 신전에서 받은 신탁, 즉 신의 말씀을 증언한다고 해서 법정으로 출두하게 되었다. 소크라테스가 받은 반응은 독배였다. 사람들은 그들이 무고한 피의자를 죽였다고 해서 고상하게라도 비웃음거리가 되는 것을 좋아하지 않는다.

이러한 상황은 최후의 날까지 지속된다. 왜냐하면 예수는 최후의 날까지 지속하기 때문이고, 그는 어제나 오늘이나 영원히 동일한 분이기 때문이다.(히브 13:8) 성육신은 시작은 있으나 끝은 없다. 그것은 역사를 고르디우스 국왕의 매듭처럼 비상수단으로 해결하는 듯 시간을 영원히 두 쪽으로 나누었다. 아브라함은 이 사건의 시작을 미리 내다보듯 보았고 우리는 뒤를 돌아다보듯 본다. 그러나 하느님은 앞을 내다보지도 뒤를 돌아보지도 않는다. 왜냐하면 그는 극에 나오는 등장인물이기도 하고 극작가이기도 하기 때문이다. 하느님에게는, 인간의 살과 피, 육체와 영혼이 그의 아들, 즉 하느님의 말씀과 실체적 통일 속에서 하나가 되는 것은 영원한 진리이다. 아타나시우스 신경(信經)에 적혀 있듯이, 성육신은 신성이 변화를 겪기라도 하는 양 신성이 인성으로 낮아짐으로써가 아니라 인성이 신성으로 높아짐으로써 일어난 것이다. 우리는 변화를 겪는다. 우리는 잠재적으로 이것이나 저것이다. 그러나 하느님은 순수 현실이다. 우리는 잠재적으로 신격화 가능성이 있다. 그러나 하느님은 잠재적으로 인간화 가능성이 없다. 하느님은 순수 현실이다. (이것이 "능동 act"의 첫째 의미이다.) 그러므로 그는 활동한다. (이것이 "능동"의 둘째 의미이다.) 반면에 우리는 따라 반응한다. 하느님의 본성은 따라 반응할 수 없다. 그것은 변화를 겪을 수 없다. 그것은 수동태가 아니고 잠재태가 아니다. 그는 인간의 본성을 취할 때에만 우리에 따라 반응할 수 있다. 그렇게 되면 그는 우리의 경멸과 가시와 못의 뾰족한 끝에 따라 반응을 보인다.

성육신 가운데서 "스스로 존재하는 자"는 "성령으로 잉태한" 분이 되었고 "동정녀 마리아에게서 나신" 분이 되었다. 그렇다면 골고다 언덕에서 하나의 그가 된 나는 하나의 그것이 된 셈이다. 다시 말해서 사람이 된 신은 주검이 되었다.

그러나 그 후에 "그 이야기의 나머지"가 있었다(더 정확히 말해, 있다). 즉 부활이다. 형이상학이 놀라지 않을 수 없는 대목은 이 모든 이야기가 존재 이야기라는 점이다.

제 2 장

예수의 인식론

제 2 장
예수의 인식론

최초의 철학적 대문제는 무엇이 존재하는가였다. 그다음을 잇는 둘째의 철학적 대문제는 우리는 존재하는 것을 어떻게 아는가이다. 첫째 문제는 존재에 관한 것이고 둘째 문제는 진리에 관한 것이다.

진리는 존재에 따라 상대적이다. 왜냐하면 "진리"는 "존재에 관한 진리"를 의미하기 때문이다. "귤이 둥글다"는 귤이 원형이다라는 이유만으로 진리이다.

첫 번째 문제, 존재의 문제에 대한 예수의 대답은 그 자신이었다. 그것은 가리키는 것이 아니라 존재하는 것, "스스로 존재하는 자"라는 것이었다. 그래서 두 번째 문제, 진리의 문제에 대한 그의 대답은 역시 진리와 다른 어떤 것을 가리키는 것이 아니라 단순히 진리인 그 자신이라는 것이다. "나는 진리요." (요한 14:6)

그러므로 영원하고 완전하고 절대적이며 신적인 진리 그 자신에게 "진리가 무엇인가"라는 철학자의 대질문을 냉소적으로 던지는 빌라도 총독의 최고 아이러니는 육화되고 구체화되고 인격화되며 그분 앞에 현재화되고 저주를 받은 셈이다. 빌라도의 회의주의는 암시적으로 이렇게 불평하고 있는 것이다. "내가 어떻게 커다란 철학적 도깨비불 같은 '진리'를 알도록 되어 있다는 것인가? 내가 그것을 볼 수 있는가? 내가 그것을 만질 수 있는가?" 예수는 이렇게 대답한다. "그렇다. 실제로 네가 그것을 십자가에 처형하고 있다."

그러나 인간이 진리를 십자가 처형할 때 진리는 인간을 십자가 처형한다. 빌라도가 성육신한 진리를 저주하게 되는 바로 그 행위 속에서 빌라도는 성육신하지 않은 진리에 저주받는 셈이다.

예수는 빌라도에게 말로 대답하지 않는다. 왜냐하면 성육신한 진리는 빛과 같고 빛이 비친 대상과 같지 않기 때문이다. 예수가 재판을 받는 것이 아니라 빌라도가 재판을 받고 있는 중이다. 우리는 예수와 이 두 번째 철학적 대문제, 즉 인식론적 문제를 병존시킬 때, 첫 번째 문제에서와 같이 동일한 유형이 반복되고 있음을 보게 된다. 즉 예수가 형이상학자가 아니라 형이상학자 이상의 형이상학적 어떤 것임을 보았던 것처럼 인식론적 문제에서도 그러하다. 예수는 모든 형이상학이 추구하는 바로 존재 그 자체였던 것이다. 그처럼 그는 단지 인식론자가 아니라 모든 인식론이 추구하는 진리인 것이다. 예수는 지혜이다라는 바로 그 이유만으로 그는 철학자 즉 지혜를 사랑하는 자가 아니게 되기 때문이다. 그는 "지혜 사랑"이 사랑하고 있는, 사랑받는 자이다. 이 책의 제목이 적절한 것은 예수가 어느 철학자에 못지않게 그 이상으로 철학적이기 때문이다.

그는 욥이 제기한 영원한 거대 문제에 대한 대답이다.

은을 캐어내는 광산이 있고 금을 제련하는 제련소가 있지 않는가?
쇠는 땅에서 파내고 구리는 광석에서 녹여내지 않는가?
사람은 흑암에 종지부를 찍고 캄캄하고 음침한 데서 광석을 캐내기 위
하여 땅 속 깊은 곳을 샅샅이 파헤치며
인가에서 멀리, 인기척도 없는 곳에 가서
갱을 뚫고 들어가네.
혼자서 대롱대롱 매달리며 극성이구나.……
그러나 사람은 단단한 돌산을 기어이 부수고
산들을 뿌리째 파헤치며
바위를 뚫고 물길을 터
갖가지 보화를 하나도 놓치지 않을 양,
눈에 등불을 켜고
물줄기를 더듬어 샘을 찾아내며
숨은 것들을 활짝 드러내고야 만다네.

그러나 지혜는 찾을 길 없고
슬기는 만날 길이 없구나.
만물이 숨을 쉬는 이 땅 위에서

그 길을 찾을 생각일랑 아예 마라.
물 속의 용이 외친다.
"이 속에는 없다."
바다도 부르짖는다.
"나에게도 없다."
순금을 얼마나 주면 얻을 수 있을까!
은을 얼마나 달아주면 살 수 있을까! ……
그런 지혜를 어디에 가서 찾겠는가?
그런 슬기를 어디에 가서 만나겠는가?
숨쉬는 동물의 눈에는 도무지 보이지 아니하고
하늘을 나는 새에게조차 숨겨져 있는데 ……

그러니 하느님밖에 누가 그 있는 곳을 알며
그 곳으로 가는 길을 찾아내겠는가?(욥 28:1-23)

이곳은 어떤 장소인가? 예수라는 곳이다. 예수는 지혜의 장소이다. 예수만이 신과 인간을 인간에게 계시한다. 왜냐하면 그만이 완전한 신이고 그만이 완전한 인간이기 때문이다. 파스칼이 말하는 대로,

> 우리는 예수 그리스도를 통해서 신을 아는 것만이 아니라 예수 그리스도를 통해서 우리 자신을 안다. 우리는 다만 예수 그리스도를 통

> 해서 생명과 죽음을 안다. 우리는 예수 그리스도를 떠나서는 우리의 생명과 죽음과 신과 우리 자신의 의미를 알 수 없다.(『팡세*Pensées*』 417)

우리는 무엇을 알아야 하는가? 오직 두 가지가 있다. 즉 우리가 누구인가와 신이 누구인가이다. 왜냐하면 이들은 우리가 영원에 이르기까지 결코 피할 수 없을 두 인격이기 때문이다. 우리가 누구인가를 아는 것은 우리의 삶의 의미가 무엇인가를 아는 것을 포함하고 또 죽음의 의미를 아는 것을 포함한다. 왜냐하면 뼈대가 그림을 규정하듯이 죽음이 삶을 규정하기 때문이다. 파스칼의 주장(예수 그 자신의 주장이기도 하고 신약 성경을 기록한 그의 제자들의 주장이기도 한)은 신, 자아, 생명, 죽음이라는 파스칼의 이 네 가지 문제에 대하여 그가 대답이라는 것이요 진리며 목적이며 궁극이라는 것이고 유일하게 충분한 대답이라는 것이다.

이 네 가지 문제 중 첫 번째가 신이다. 신이 첫 번째 문제인 것은 신이 모든 면에서 첫 번째이기 때문이다. 우리는 시작하는 분과 함께 시작해야 할 것이다. 알아야 할 가장 필수적인 중대사는 가장 필연적인 존재에 관한 것이다.

그러나 이것은 불가능하다. 왜냐하면 "그는 가까이할 수 없는 빛 속에 머무시기"(미사의 감사기도 제4양식) 때문이다. 영원한 주체, 스스로 존재하는 자가 어떻게 인간 지식의 대상이 될 수 있는가? 죽을 수밖에 없는 한갓된 인간, 이 유한하고 타락한 실수투성이인 미물이 어떻게 신을 인식할 수 있는가? 단세포적 하등 생물인 아메바가 인간을 인식하는 것이 차라리 훨씬 더 수월할 것이다.

그리스도의 대답은 두 부분으로 나뉜다. 첫째는 나쁜 소식이고 둘째는 좋은 소식이다.

나쁜 소식(즉 우리가 욥처럼 지혜로워서 미리 알고 있었다고 하면)은 우리가 인식할 수 없다는 것이다. "일찍이 하느님을 본 사람은 없다."(요한 1:18) 그러고 나서 예수는 즉각적으로 우리에게 좋은 소식을 들려준다. "아버지의 품 안에 계신 외아들로서 하느님과 똑같으신 그분이 하느님을 알려주셨다."(요한 1:18) 하느님에 대한 인간의 보편적 탐구는 바벨탑처럼 보편적 실패이다. 철학은 궁극적으로 버몬트 주 농부가 오래전부터 들려주는 농담과 같은 것이다. "당신은 여기서 거기로 갈 수 없는 거 모르나?" 그러나 인간에 대한 하느님의 탐구는 성공이고 그 성공의 이름이 예수이다.

우리는 언어로든 벽돌로든 사람이 짓는 탑에 올라감으로써 하느님, 궁극적 실재를 인식할 수 없다. 우리는 하느님이 아래로 내려올 때만, 하늘에서 야곱의 사다리를 내려줄 때만 하느님을 인식할 수 있다. 예수가 야곱의 사다리이다. (그 자신이 그렇게 말한다. 요한 복음 1장 51절과 창세기 28장 12절을 참조하라. "너희는 하늘이 열려 있는 것과 하느님의 천사들이 하늘과 사람의 아들 사이를 오르내리는 것을 보게 될 것이다." "그[야곱]는 꿈에 땅에서 하늘에 닿는 층계가 있고 그 층계를 하느님의 천사들이 오르락내리락 하는 것을 보고 있었다.") 우리가 이 사다리를 보는 방식은 위에서 아래로의 방식이다. 그것은 진실로 천상에 달려 있지 바벨탑과 같은 지상에 달려 있지 않다. 그 토대는 바벨탑처럼 붕괴될 수 없다. 왜냐하면 그것은 인간의 사고나 말(로고스)이 아니라 신의 사고와 말(로고스/ 요한 복음 1장 1절)이기 때문이다.

인간 이성이 신을 발견할 수 없다는 것은 지극히 온당하다. 이것을 입증하기 위해 우리는 인식론의 기본 원리를 필요로 하고, 이 원리를 인간 지식의 다양한 수준을 주시함으로써 발견하게 될 것이다. 그 이유는 지식은 실재에 일치하는 것이므로 지식의 수준은 실재의 수준과 일치하기 때문이다. (사실상, "지식"은 "실재와의 일치"를 의미한다.)

당신이 당신 자신보다 열등한 어떤 것, 말하자면 어떤 사람의 추상물, 어떤 생각이나 규칙 또는 수를 알기를 원한다고 가정하는 데서 시작해 보자. 이 경우에 모든 활동은 당신으로부터 나온다. 왜냐하면 추상적 사고는 그 자체로는 아무것도 할 수 없기 때문이다. 추상적 사고라는 모든 생활은 당신의 것으로부터 나온다.

그다음으로, 당신이 당신 자신보다 열등한 어떤 것, 말하자면 독립적으로 실재하고 있으나 생명이 없는 것, 즉 바위를 알기를 원한다고 가정해 보자. 그것은 당신의 마음과 독립해 있는 실재이다. 그러나 모든 활동(마음이 존재하는 행동과 마음의 본성을 제외한)은 당신으로부터 나온다. 당신이 바위로 가서 바위를 분석해야 한다. 바위는 수동적으로 그곳에 놓여 있을 뿐이고 연구될 뿐이다.

그다음으로, 당신이 살아 있는 어떤 것, 즉 식물을 알기를 원한다고 가정해 보자. 그것은 어느 정도 스스로 활동한다. 그것은 씨앗에서 나무로, 생명에서 죽음으로, 건강에서 병으로 변화한다. 그래서 인식하기, 특히 예측하기가 조금은 어렵다. 그것은 살아 있고 우리는 "생명의 신비"에 대해서 말하곤 한다. 우리는 "바위의 신비"에 대해서 말하지 않는다. 그렇지만 인식하기는 여전히 수월한 편이고 대체로 수동적으로 주어져 있다.

그다음으로, 당신이 동물을 알기를 원한다고 가정해 보자. 이것은 조금 더 어렵다. 왜냐하면 동물은 풍부하고 고차적인 실재성을 가지고 있기 때문이다. 그것은 능동적이다. 그것은 식물과 달리, 당신을 피해 달아나고 숨기고 한다. 당신은 동물들로부터 신뢰를 얻어야 한다. 당신 가운데 그와 공유되는 정신 생활도 있다. 그러나 여전히 당신이 주도자이다. 우리는 사람을 대상으로 실험실에서 실험하는 기니피그(guinea pig)를 볼 수 없다.

이제 진일보하여 당신이 알기를 원하는 존재가 자기와 똑같은 다른 인간이라고 할 때, 그 활동은 똑같이 또는 거의 똑같이 둘로 나뉜다. (당신은 아기들과 대화를 나누면서 대부분의 활동을 하고 한편, 지혜로운 연장자도 당신과 대화를 나누면서 대부분의 활동을 한다. 이것이 우리의 기도의 대부분이 경청하는 시간에 할애되어야 하는 이유이다.)

그다음으로, 당신이 천사를 알기를 원한다고 가정해 보자. 천사가 자기 자신을 계시하지 않는다면 당신은 조금밖에 알지 못하거나 거의 아무것도 모를 것이다.

마지막으로, 당신이 신을 알기를 원한다고 가정해 보자. 여기서 모든 활동은 그분으로부터 비롯되어야 한다. 그가 주도해서 열어 주지 않는다면 우리는 전혀 그분을 알 수 없을 것이다.

이것이 신에 관해 알려면 신의 계시가 있어야 하는 이유이다.

그런데 신의 계시가 있다. 신이 자기 자신을 여러 가지 방식으로 계시했다. 무엇보다도, 우주를 창조함으로써 계시했고 최종적으로는 신의 궁극적이고 결정적인 계시인 그리스도에 의해서 계시했다. 이제 최후의 날까지는 어떠한 결정적 계시도 더 이상 없을 것이다. 왜냐하면 "하느님께서는 당신의 완전한 본질을 그리스도에게 기꺼이 주셨기 때문이다."(골로 1:19) 이 구절은 우리에게 그리스도가 우리가 지금까지 알 수 있는 하느님의 전부임을 알려 준다. 왜냐하면 그는 존재하는 하느님의 전부이기 때문이다. 그리스도 안에 아무것도 없는 것은 하느님 안에 아무것도 없는 것과 마찬가지이다. 아버지는 아들 안에 있는 어떤 것도 방해하지 않는다. 그리스도는 궁극적인 형이상학적 실재의 궁극적인 인식론적 계시이다. 그리스도가 인식론의 열쇠이다.

이것이 복음서에서 어떻게 전개되는가를 살펴보라. 그가 어떻게 사역하는지, 그가 어떻게 진리를 그저 인식하고 가르치는 것을 넘어서 그토록 많은 일을 하는지를 살펴보라. 그가 어떻게 진리인지를 2 + 2= 4라는 등식에서처럼만이 아니라 꿀벌이 벌집에 있다(벌의 일은 벌이 하는 것이며 존재함은 하나의 활동이다)는 것에서도 살펴보라. 인식론이 어떻게 살아나게 되는지를 살펴보라. 왜냐하면 진리가 살아 있고 활동하며 따라서 우리를 자유롭게 하기 때문이다. 어떻게 "진리가 너희들을 자유롭게 하리라"로 되는지를 살펴보라.

율법학자들과 바리사이파 사람들이 간음하다 잡힌 여자 한 사람을 데리고 와서 앞에 내세우고 "선생님, 이 여자가 간음하다가 현장에서 잡혔습니다. 우리의 모세 법에는 이런 죄를 범한 여자는 돌로 쳐죽이라고 하였는데 선생님 생각은 어떻습니까?" 하고 물었다. 그들은 예수께 올가미를 씌워 고발할 구실을 찾으려고 이런 말을 하였던 것이다. 그러나 예수께서는 몸을 굽혀 손가락으로 땅바닥에 무엇인가 쓰고 계셨다. 그들이 하도 대답을 재촉하므로 예수께서는 고개를 드시고 "너희 중에 누구든지 죄없는 사람이 먼저 저 여자를 돌로 쳐라." 하시고 다시 몸을 굽혀 계속해서 땅바닥에 무엇인가 쓰셨다. 그들은 이 말씀을 듣자 나이 많은 사람부터 하나하나 가버리고 마침내 예수 앞에는 그 한가운데 서 있던 여자만이 남아 있었다.

예수께서 고개를 드시고 그 여자에게 "그들은 다 어디 있느냐? 너의 죄를 묻던 사람은 아무도 없느냐?" 하고 물으셨다. "아무도 없습니다, 주님."

그 여자가 이렇게 대답하자 예수께서는 "나도 네 죄를 묻지 않겠다. 어서 돌아가라. 그리고 이제부터 다시는 죄짓지 마라." 하고 말씀하셨다.(요한 8:3-11)

율법학자들과 바리사이파 사람들은 자신들이 파놓은 덫을 확신하면서 예수에게 대답을 요구하는 질문을 던졌다. 예수는 간음하다가 붙잡힌 여인에게 무엇을 해야 한다고 말할 것인가? 모세의 율법 즉 신의 계명은 돌로 쳐 죽이라는 명령이었다. (그 율법은 이러한 징벌을 단순히 허용한다거나 권장한다는 것이 아니라 명령했다는 점에 주의해야 한다.) 그러나 로마법은 유대인에게 어떤 죄에 대해서도 사형 선고의 권리를 금했다. (이 법은 로마인보다는 유대인들이 이런 징벌을 찬성하지 않는 것만이 아니라 금지했다는 점에 유의해야 한다.) 그리하여 예수가 "아니다, 돌로 쳐 죽여서는 안 된다"라고 말한다면 그는 모세에게 불복종하는 것이고 이교도가 된다. 그가 "그렇다, 돌로 쳐 죽여라"라고 말한다면 그는 로마에 불복종하는 것이고 반역자가 된다. 그가 어느 쪽으로도 말하지 않는다면 그는 정식의 세냥에 불복종하는 것이고 비겁자가 된다.

어떤 인간적 지혜도 이러한 완전한 덫을 피해갈 수 없었을 것이다. 세 가지 대답만이 논리적으로 가능하다. (긍정, 부정, 침묵) 이 세 가지 모두 예수를 저주의 자리로 떨어지게 만든다. 부정하면 모세의 율법에 저주받고, 긍정하면 로마법에 저주받고, 대답하지 않으면 자연법에 저주받는다.

그러나 그가 누구인지를 기억하라. 그는 스스로 존재하는 자이다. 그는 모세가 이름을 말해 달라고 압박했을 때도 불타는 떨기 가운데서 모세에게 말했던 분이다. 그래서 그는 경건한 유대인으로서 어느 누구도 지금까지 감히 발설할 수 없었던 이름을 가르쳐 줌으로써 오히려 모세를 압박했던 분이었다. 왜냐하면 "스스로 존재하는 자"라고 선포하는 것은 그 이름을 몸에 지니고 입증한다는 것이요 바로 그 "나"이다라는 것을 주장하는 것이기 때문이다. "나"는 1인칭으로만 말해질 수 있을 뿐이다. 여타의 다른 이름은 무엇이라도 2인칭 즉 말을 건넨 상대방의 인격("당신") 또는 3인칭 즉 표시된 또는 지시된 인격("그", "그녀")으로 말해질 수 있다.

1500년이 지난 지금, 예수는 자신이 불타는 떨기 가운데에서 행했던 반전의 역할을 자신의 대답을 질문으로 만드는 활동을 통해서 동일하게 행한다. (그가 랍비라는 사실을 기억하라. "랍비는 왜 항상 질문에 다른 질문으로 대답하는가?") 실제로 그는 이렇게 말하고 있다. "너희의 질문에 대한 나의 대답은 바로 이것이다. 즉 나는 너희 가운데서 죄가 없는 사람이 이 여자를 돌로 치라고 말하고 있다." 갑자기 그들은 욥처럼 자신들이 처음부터 모두 질문하는 자, 가르치는 자, 심판하는 자, 시험하는 자, 통제하는 자, 적극적인 자, 알고 있는 자인 듯 보였다는 사실을 깨닫는다. 그들은 마치 새로운 종류의 동물을 조사하는 과학자와 같았다. 사실을 말하면 그들은 질문을 받은 자였고 항상 질문을 받아 왔었다. 그들은 알고 있는 자가 아니라, 배우는 자, 심판받는 자, 시험받는 자, 통제당하는 자, 반응을 보였던 자, 알려진 자였던 것이다. 그들은 피조물이기 때문에 항상 그러한 사람들로 존재했었다. 하느님이 항상 그들을 삶의 매순간마다 시험해 왔지, 그 반대는 아니었다. 그리스도가 지금 여기서 했던 것은 잠시나마 인간의 무지의 커튼을 걷어 내는 것이었고, 그리하여 비로소 처음으로 모든 사람들이 지금까지 일어나고 있었던 것을 명료하게 볼 수 있게 되었다.

어떠한 기술로도 이러한 가장 급진적 인식론적 돌파를 성취할 수 없다. 그분의 실재적 현존만이 할 수 있다. 이것이 예수의 방법이 결코 사람에 의해서는 성공적으로 모방될 수 없는 이유이다. 이것이 지금까지 누구라도 그를 허구의 인물로 성공리에 상상할 수 없었던 이유이다. 아무리 확실한 허구라도 이처럼 역사적으로 최고로 유명한 인물에 대해서는 지금까지 불가능했다. 그렇지만 역사적으로 유명한 많은 인물에 대해서 쓰인 확실한 허구들은 많이 있다. 이제 여기에 복음서의 진리와 기독교를 위한 강한 논증이 있다. 그리스도가 결고 허구적이지 않은 이유는 그가 2000년 동안 알려진 이후로 지금까지 세상의 어느 누구도 그에 관한 확실한 허구를 쓸 수 없기 때문이고, 어느 누구도 "예수가 하리라고 하는 것"을 알렉산더, 부처, 아우구스티누스, 링컨, 처칠 등이 하리라고 하는 것을 상상할 수 있는 것처럼 확실한 방법으로 상상할 수 없기 때문이다. 그럴진대 2000년 전에 살았던 소수의 유대인 어부들이 어떻게 무에 기초하여 그토록 믿을 수 없는 독보적인 전대미문의 창조적 허구를 쓸 수 있겠는가? 이 인물은 결코 고안될 수 없었다. 왜냐하면 그는 아직도 고안될 수 없기 때문이다. 그는 실재할 수 있을 뿐이다.

예수가 질문하는 자와 질문을 받는 자 사이에 역할을 전환하는 방식은 공식화될 수 없다. 왜냐하면 모든 공식은 보편적이고 따라서 되풀이해서 일어날 수 있기 때문이다. 그러나 그리스도는 하느님의 하나밖에 없는 독생자이다. 이것 역시 공식화될 수 없다. 왜냐하면 모든 공식은 객관적이고 비인격적이기 때문이다. 그러나 그리스도는 인격적인 주체이고 스스로 존재하는 나이다. 그가 자신의 비결을 되풀이해서 잘 발휘하는 것은 다만 자기 자신임이 바로 자기 자신의 본성이기 때문에 자기 자신임으로써 잘 해내는 것뿐이다. 이것은 태양이 다만 빛 비추기가 자기 본성이기 때문에 빛을 비추는 "비결"을 잘 발휘하는 것과 마찬가지이다. 햇빛은 힘을 들이지 않아도 자연스럽게 크기와 형태와 색을 가진 만물을 밝게 비춘다. 이것이 빛이 행하는 것이다. 왜냐하면 이것이 빛이 무엇인가 하는 것, 즉 빛의 본질이기 때문이다. 이러한 역할 전환이 그리스도가 계속 수행하는 것이다. 왜냐하면 스스로 존재하는 나는 그가 무엇인가 하는 것, 즉 그의 본질이기 때문이다.

우리는 이러한 역할 전환이 복음서에서 반복적으로 일어나는 것을 본다. 우리는 반복하여 학습한다. 지혜로운 사람에게는 보기를 많이 들 필요가 없을 것이다. 왜냐하면 그는 특수 사례에서 보편 진리를 명민하게 파악하기 때문이다. 지혜로울수록 보기는 줄어들 것이다. 우리가 지혜롭고 영적 투시력이 있다면 예수가 신적인 존재라는 것을 요한 복음에 나오는 이 단 한 구절로도 발견할 수 있을 것이다. (아서 카츠의 자서전 『벤 이스라엘*Ben Israel*』에 따르면, 이런 일이 실제로 그에게 일어났던 일이라고 한다.)

예수가 율법학자와 바리사이파 사람들의 저주로부터 자신을 자유롭게 하고 나서는 고발당한 여자를 자유롭게 한다. "나도 네 죄를 묻지 않겠다." 그는 율법학자와 바리사이파 사람들의 저주에 동조하지 않고 이를 봉쇄하며 그 대신 그녀에게 자신의 해방을 선사한다. 그들은 논리적인 덫으로 그녀와 그를 감금하기를 원했다. 그 대신에 그는 그 자신과 그녀를 자유롭게 한다. 그들의 사역은 감금하는 것이었고 그의 사역은 자유롭게 하는 것이었다. 왜냐하면 그는 진리이고 진리가 너희를 자유롭게 할 것이기 때문이다.(요한 8:32)

신은 존재하기 때문에 아무것도 우연히 발생하지 않는다. 아무것도 우연히 발생하지 않기 때문에 신이 이 구절을 우연히 요한 복음에 넣어 놓도록 하지는 않았다. 그것은 이 여자에 관한 것만이 아니라 우리 모두에 관한 것이다. 우리 모두는 신에 대한 간음을 범했다. 우리가 이 구절을 읽음에 따라 시험을 받게 되는 것은 바로 우리이다. 우리는 육체적이든 영적이든 간음을 처벌하는 신법만이 아니라 그 이야기 자체로도 시험을 받고 있다. 그 이야기는 우리가 그리스도와 바리사이파 중 누구의 일을 하고 있느냐고 묻는 물음을 던지면서 우리를 시험한다. 우리는 이 본문을 읽을 때 외부에서 이 장면을 심판하는 국외자로 남기를 바랄지도 모른다. 그러나 우리는 그렇게 할 수 없다. 우리가 상황 속으로 끌려들어가게 됨에 따라, 우리는 상황을 판단하고 있지 않고 우리가 판단을 받고 있다. 사실을 말하면 우리는 율법과 그리스도에 의해서 항상 판단을 받고 있다. 그는 항상 판단하는 자이고 인식하는 주체이고, 우리는 항상 판단을 받는 자이고 인식되는 객체이다. 우리의 진리는 그의 인식에 따른다.

왜냐하면 신은 우리가 진리를 발견하는 것처럼 발견하지 않기 때문이다. 그가 진리를 판결하고 진리를 창조한다. 우리도 역시 부분적으로는 창조적인 예술 분야에서 그렇게 한다. 그 분야에서 우리는 진리를 만든다. 다른 분야에서 우리는 진리를 발견한다. 『한여름 밤의 꿈』에서 난쟁이는 작고 장난꾸러기 같다는 것은 사실이다. 왜냐하면 셰익스피어가 그렇게 만들었기 때문이다. 『반지의 제왕』에서 난쟁이는 키가 크고 무서운 것은 사실이다. 왜냐하면 톨킨(Tolkein)이 그렇게 만들었기 때문이다. 피조물(우주)은 신의 예술이고 인간의 과학이다. 우리에게 객관적인 것(예를 들어, 표범)은 신에게 주관적이다. 톨킨은 먼저 호빗족을 만든다, 그 후에 우리가 그것을 발견한다. 마찬가지로, 신이 먼저 표범을 만든다, 그 후에 우리가 그것을 발견한다. 우리가 피조물에 관한 진리를 발견할 때 우리는 창조주의 사고를 읽고 있는 셈이다.

이러한 신학적 진리가 요한 복음 8장과 무슨 관련이 있는가? 그것은 간음하다가 붙잡힌 여자를 그리스도가 풀어 주는 해방의 기초이다. 왜냐하면 그리스도는 피조물이 아니라 창조주이기 때문이다. 니케아 신조의 표현을 빌면 그는 "창조되지 않고 나신 아버지와 한 본체"이다. 그 여자는 이러한 신학적 신비의 실제적 수혜를 받았다. 우리도 그렇다. 그리스도는 우리와 달리 진리에 수동적으로 속박되지 않는다. 그리스도는 하느님과 같이 능동적으로 진리로써 해방시킨다. 그리스도는 과학자가 아니라 예술가이다.

이제 세 성구를 연결시켜 보면 우리는 다음과 같이 보게 된다. 즉 (1) "나는 진리요."(요한 14:6) (2) "진리가 너희를 자유롭게 할 것이다."(요한 8:32) (3) "그러므로 아들이 너희에게 자유를 준다면 너희는 참으로 자유로운 사람이 될 것이다."(요한 8:36)

그러나 이 이야기는 이야기의 반 정도에 불과하다. 우리는 나머지 반을 쉽게 망각한다. 그리스도는 "나는 너를 용서한다"는 것만이 아니라 "더 이상 죄가 없다"라고까지 말한다. 이 둘은 똑같이 그의 해방 사역의 필수 부분이다. 구원에 신앙과 (사랑의) 행실이 필요한 것과 마찬가지이다. 예언이 "그는 자신의 백성을 죄로 인한 형벌에서 구원할 것이기 때문에 그의 이름은 '예수(Jesus)'['구원자' 또는 '신이 구원한다']라고 불릴 것"이라고 말하지 않았다는 점을 기억해야 한다. 그러나 "그는 자신의 백성을 죄에서 구원할 것이기 때문에 그의 이름은 '예수'라고 불릴 것이다." "더 이상 죄가 없다"라고 말하지 않고 "나는 너를 용서한다"라고 말하는 것은 율법학자와 바리사이파 사람들이 반대로 말하는 것, 즉 "나는 너를 용서한다"라고 말하지 않고 "더 이상 죄가 없다"라고 말하는 것처럼 해방보다는 감금의 사역이었을 것이다. 왜냐하면 죄는 용서하지 않음과 똑같이 확실하게 우리를 감금하기 때문이다. "죄를 짓는 사람은 누구나 다 죄의 노예이다."(요한 8:34) "죄의 대가는 죽음이지만 하느님께서 거저 주시는 선물은 우리 주 그리스도 예수와 함께 사는 영원한 생명입니다."(로마 6:23)

죄는 마약과 같다. 마약 중독으로부터 자유롭게 되기 위해 두 가지가 필요하다. 누군가가 당신을 자유롭게 해 줄 만큼 충분히 당신을 부드럽게 사랑해야 한다. 그리고 누군가가 당신을 자유롭게 머물도록 명령할 만큼 충분히 당신을 냉혹하게 사랑해야 한다. 이것이 구원자의 이중 사역이다. 때때로 신학자들은 그것을 "칭의"와 "성화"라고 부른다. 이 두 가지는 분리될 수 없다. 이음매 없는 직물의 부드러운 날실과 거친 씨실을 분리시키는 것은 옷 전체를 해체하는 것이고 파괴하는 것이다. "해방의" 부드러움을 "보수의" 거침에 대립시키거나 그 반대로 대립시키는 것은 바리사이파 사람들이 예수에게 제시한 것처럼 새로운 감금이요 새로운 딜레마가 되고 말 것이다.

그러나 예수는 바리사이파 사람들의 딜레마처럼 우리의 딜레마도 피해간다. 그는 우리의 모든 그물망을 피해간다. 왜냐하면 그는 고기가 아니라 어부 즉 "사람을 낚는 어부"이고, 우리가 그의 고기이기 때문이다. 그의 그물망에 잡히는 것은 자유롭게 되는 것이다. 왜냐하면 그의 그물망은 진리이기 때문이다.

이리하여 그는 동일한 8장에서 여자를 자유롭게 해 준 후 자신이 방금 무엇을 했는지를 해석하고자 우리에게 "진리가 너희를 자유롭게 할 것이다"(요한 8:32)라고 말한다. 그러나 진리가 그녀를 자유롭게 했는가? 진리는 그녀가 간음을 범했다는 것이 아니었는가? 이 진리가 어떻게 그녀를 자유롭게 했는가?

그 진리가 어떻게 그녀를 자유롭게 할 수 있는가를 이해하는 데는 어려움이 있다. 왜냐하면 우리는 "진리"를 추상적이고 비인격적인 것으로, 일반적 원리("간음은 죄이다"와 같은)나 특수한 사실("그녀는 간음을 범했다"와 같은)로 생각하기 때문이다. 일반적 원리와 특수한 사실은 모두 명제, 문장, 진술로 표현된다. 이것이 "명제적 진리"이다.

나는 여기서 명제적 진리를 쓰레기 취급하는 대중 영합적인 카드놀이를 하지는 않겠다. 왜냐하면 명제적 진리는 귀중한 것이고 그리스도의 적이 아니라 종이기 때문이다. 이것이 비록 명제적 진리, 추상적 진리, 철학적 진리일지라도 자유롭게 만들어 주는 것일 수 있는 이유이다.

예를 들면, 소크라테스의 철학은 우리를 많은 무지, 특히 우리 자신의 무지에 대한 무지로부터 자유롭게 해 준다. 그러나 그것은 우리를 모든 무지로부터 자유롭게 해 주는 것은 아니다. 그것은 우리에게 우리 자신에 대해 많은 것을 알려 준다. 그러나 신에 대해 알려 주는 것은 거의 없다.

심리학의 좋은 명제들은 우리를 많은 자기기만에서 자유롭게 할 수 있다. 그러나 모든 기만에 대해서는 아니다. 실제로 그렇다고 생각하면 그것이야말로 가장 거대한 자기기만이다.

철학의 자식으로서 과학의 명제와 기술 공학의 명제 그리고 그 자손들은 우리를 자연에 관한 많은 무지와 "자연의 정복"으로 말미암은 많은 고통과 질병으로부터 자유롭게 할 수 있다. 그러나 우리는 자연의 최종 으뜸패, 즉 죽음을 정복하지 못하고 연기할 수 있을 뿐이다.

과학의 진리는 우리의 자유를 증대시킬 수 있다. 예를 들면, 우리는 물리학과 수학의 명제적 진리 덕분으로 자유롭게 지구 중력을 피할 수 있고 공중을 날 수 있으며 위성 여행을 할 수 있다. 그러나 우리는 지구 중력에서 자유로울 수는 없다. 왜냐하면 그것은 물질적 피조물로서 우리 자신의 본질이기 때문이다. 위로 올라가는 것은 결국 아래로 내려와야 한다. 추상적이고 명제적인 진리에 대한 어떤 지식이라도 우리를 그로부터 자유롭게 할 수는 없다.

그러나 예수는 할 수 있다. 그는 그것을 가능하게 한다. 그는 지구 중력을 영구히 피하며 천국으로 올라가서는 다시는 지옥으로 내려가지 않는다. 그는 무덤에서 자기 몸을 일으켜 세우고 죄에서 우리 영혼을 일으켜 세운다.

그는 어떻게 이런 일을 할 수 있는가? 왜냐하면 그는 진리이고, "진리가 너희를 자유롭게 할 것이고", "아들이 너희에게 자유를 준다면 너희는 참으로 자유로운 사람이 될 것이다"(요한 8:36)라는 것 때문이다.

이것이 육화된 인식론, 따라서 능력을 주는 인식론이다. 그는 "능력의 말씀"이다. 왜냐하면 그는 "하느님의 말씀"이기 때문이다. 그는 그 여자를 해방시키는 능력을 가지고 있다. 왜냐하면 그는 우주를 창조하는 능력을 가지고 있기 때문이다. 그는 우주를 창조하는 말씀이자 우주를 창조하라는 아버지의 말씀이다.(창세 1:2) 그는 "능력에 관한 말씀"만이 아니라 "능력의 말씀"이다.(루가 4:32; 히브 1:3) 그는 말할 때 피조물을 복사하기만 하는 것이 아니라 피조물을 창조한다. 그가 나자로의 무덤에서 "생명이 있으라" 하고 말씀하니, 죽음조차도 그에게 복종한다.

그는 단수형 "하느님의 말씀"이다. 왜냐하면 그는 오로지 단수이기 때문이다. 그는 "하느님에 관한 말씀"이 아니고, 심지어 하느님에 관한 최후의 말씀도 아니고 "하느님의 말씀"이다. 그는 다른 어떤 것에 관한 것이 아니라 모든 다른 어떤 것이 그에 관한 것이다. 우주 만물과 성경 속의 만사가 그를 가리키는 지문이다. 그는 인식론의 목적(end)이다.

* * * * *

우리는 어떻게 신을 아는가? 우리에게 필수불가결한 길이 있다면, 그것은 기도하는 것이다. 모든 기도는 아버지에 이르고자 하는 한 의식적으로든 무의식적으로든 아들을 거쳐야 하고 알았든지 몰랐든지 아들을 거쳐야 한다. 그리하여 예수는 여기서도 신을 아는 길이다.

인격을 아는 데는 말이 필요하다. 줄리엣과 로미오 사이에 한 번도 말이 오고가지 않았다면 줄리엣이 어떻게 로미오를 알았겠는가? 신이 자신의 영감으로 기록된 말씀으로, 무엇보다도 육신이 된 말씀으로 당신에게 결코 말하지 않았다면, 그리고 당신이 그에게 기도로 결코 말하지 않았다면, 당신이 어떻게 신을 알 수 있겠는가? 사랑이 노래하는 한 사랑은 음악도 필요하고 역시 말도 필요하다.

그러므로 기도는 신을 아는 데(to know God ; 신에 관해 아는 것 knowing about God과는 구별해서) 필수적이다. 그러나 많은 것들 가운데 하나인 이것은 사각형을 누비이불에 짜 맞추어야 하는 것처럼 강제적인 "필연성"은 아니다. 이와 같은 것이 우리가 다루는 신인 것이다. 즉 신은 선과 미와 생명의 중심에 있는 불타는, 타오르는, 폭발하는 불인 것이다. 기도는 빠진 조각을 조각 그림에 맞추는 것보다는 당신 자신을 화산에 몰아넣는 것과 같다. 기도는 정의의 문제지만 그것 이상이다. 다시 말해 그것은 사랑의 문제이다. 기도는 신을 정당하게 대우하는 것이고 당신의 도덕적 의미를 수행하는 것이며 어떤 것에 맞추는 것만은 아니다. 그것은 자신의 사랑이 인간의 피같이 다섯 군데의 상처, 즉 오상(五傷)에서 흘러내리는 신의 몸에 닿는 것이다.

제 3 장

예수의 인간학

제 3 장
예수의 인간학

세 번째의 철학적 대문제는 질문하는 사람 즉 인간의 문제이다. 이것은 자연스럽게 세 번째 문제가 된다. 왜냐하면 우리는 실재(형이상학)에 관해 사고하였고, 자연스럽게 우리의 사고(인식론)에 관해 사고하였으며, 이어서 사고하는 사람 즉 우리 자신(인간학)에 관해 사고하기 때문이다.

그렇지만 "그러나"가 제기된다. 이 철학 분야는 형이상학이나 인식론보다 훨씬 더 흥미롭다. 하지만 이러한 추구에 쏟은 강렬한 관심, 시간, 에너지 그리고 책들이 있지만, 그리고 서점에서 팔리는 모든 학술 서적들 절반 이상이 심리학의 어떤 측면에 관해 저술되었다 하더라도 우리가 모르곤 했던 것을 이제는 안다는 점에 관해 이토록 동의와 확실성과 신뢰가 적은 학문 분야도 없다. 이 모든 현대적인 자기 탐구의 결과들이 있지만 우리는 이전에 우리가 알았던 것보다도 더 모르고 있는 것 같다. 우리가 보면 볼수록 덜 보이는 것 같다.

외부 세계에 관해서는 정반대이다. 지금에 와서 우리는 우리 자신을 이해할 수 있는 것보다 더 잘 150억 년 전의 우주 기원의 신비를 이해할 수 있고, 1조 광년이나 떨어져 있는 은하계를 돌리고 있는 힘을 이해할 수 있다. "너 자신을 알라"라고 소크라테스는 철학의 여명기에 말한 적이 있다. 그러나 "너 자신을 알라"는 해결할 수 없는 화두, 즉 공안(koan, 公案)으로 보인다. 우리는 우리 자신을 알 수 없다. 하지만 우리는 우리 자신을 알아야 한다.

이것이 예수와 무슨 관계가 있는가? 또는 예수는 이것과 무슨 관계가 있는가? 교황 요한 바오로 2세가 자주 반복한 말을 빌면 "예수만이 인간을 자기 자신에게 보여 줄 수 있다." 그는 완전한 신이고 완전한 인간이기 때문에 신과 인간을 완전하게 계시할 수 있다. 예수는 공안의 열쇠이다.

그러나 대답의 유의미성은 문제의 유의미성에 머무는 것 이상은 아니다. 다시 말해서 우리는 공안에 대한 해결책으로서 예수의 유일한 특성을 평가할 수 있기 전에 이 문제가 공안인 이유를 먼저 이해할 필요가 있다.

"너 자신을 알라"는 해결할 수 없는 공안인 것 같다. 사실이다. 우리는 이 문제를 해결할 수 없다. 왜냐하면 그것은 도대체 문제가 아니기 때문이다. 그것은 신비이다. (가브리엘 마르셀의 유용한 구별을 사용하면 그렇다.) 우리는 신비 안에 포함되어 있고 신비로부터 떼어질 수 없다. 이 문제는 "그 자신의 자료를 갉아먹는다." 우리는 이 문제를 해결할 수 없다. 왜냐하면 우리가 바로 그 문제이기 때문이다. 눈은 대상을 볼 수 있지만 자신을 볼 수 없다. 그래서 마음은 대상을 볼 수 있지만 자신을 볼 수 없다. 왜냐하면 마음은 대상이 아니기 때문이다.

우리가 우리 자신을 볼 때 우리가 우리를 방해한다. 우리 자신이 빛으로 되어 우리 자신의 그림자를 우리가 만든다. 그러고는 우리는 우리 자신을 그림자, 우리가 드리운 그림자로 확인하고 또는 우리가 거울에 비추인 우리 자신의 이미지와 동일시한다. 그러나 이것은 자아가 아니다. 이것은 자아의 이미지 또는 음영이다.

우리는 연극의 관객과 같다. 관객의 참석과 시선은 연극배우와 연극에 영향을 주고 변화시킨다. 왜냐하면 우리는 관객일 뿐만 아니라 배우이기도 하다. 과학에서 이것은 "관찰자 효과"라고 부른다. 우리는 사물을 관찰하는 행위 그 자체만으로도 관찰된 그 사물에 변화를 준다. 이 원리가 아원자입자(subatomic particles)의 세계에 적용되든 말든 우리에게는 확실히 적용된다. 왜냐하면 우리만이 이 우주에서 객체가 아닌 주체이기 때문이다. 우주는 인간 단계에 와서 처음으로 지기의식에 도달한다. 우리는 자아이고 주체이며 인격(whos)이지 사물이나 객체나 그것(whats)이 아니다. 우리는 어떻게 인식의 주체를 인식의 객체로 만들 수 있는가? 사수가 어떻게 자기 자신의 표적으로 될 수 있는가? 내가 어떻게 나이기를 중지하지 않고 그것이 될 수 있는가?

그렇게 될 수 없는 것은 분명하다. 그러나 그렇게 되어야 하는 것도 분명하다. 우리는 우리 자신을 알 수 없다. 그러나 우리는 우리 자신을 알아야 한다. 이것이 우리의 공안이다. 우리는 우리 자신을 알아야 한다. 왜냐하면 우리가 모른다면, 다른 어떤 것을 조금이라도 아는 그것이 누구인지는 전혀 모를 것이기 때문이다. 우리가 우리의 지식이라는 인상적인 거대 은행 계좌에 서명을 하지 않는다면 우리는 동전 한 닢도 소유하지 못할 것이다.

선불교에서 공안은 원칙적으로 일상적이고 이성적인 사고로는 해결될 수 없는 화두이다. 그 목적은 주객 이원론이 없는 사고, 즉 "불심"을 풀어놓기 위해 일상적인 사고를 죽이거나 잠재우는 것이다. 이러한 급진적인 새로운 종류의 사고의 돌연한 발생이 바로 깨달음 또는 사토리(satori) 즉 열반의 선적(禪的) 표현이다.

나는 이러한 불교 신자의 목표를 믿지 않는다. 왜냐하면 그리스도인으로서 나는 하느님과 창조, 다시 말해서 불교가 극복하고자 하는 주객 이원론의 실재를 믿기 때문이다. 우주 전체는 하느님에 대해 객관적이다. 불교가 극복하고자 하는 주객 이원론 또는 나-그것 이원론은 실제로 창조주-피조물 이원론이다. 왜냐하면 창조주의 이름은 "스스로 존재하는 자"이고 그의 피조물은 그의 대상이기 때문이다. 불교가 거부하는 또 다른 주객 이원론이 있다. 우주의 대상과 인간 주체인 우리 사이의 이원론이 그것이다. 여기서 우리, 즉 인간 주체는 하느님의 형상을 품고 있는 나 또는 주체이다. 그리스도가 인간에게 계시한 이 두 가지는 불교가 거부하는 두 가지이다.

나는 불교 대답의 진리를 믿지 않을지라도 불교 질문의 심원성과 의식 변혁에 대한 공안(koan)의 힘을 믿는다. 또한 나는 하느님 자신이 우리 자신에 대해 끝없는 호기심을 가지게끔 하는 데서 공안을 장치하는 것이라고 믿는다. 다른 한편, 그와 동시에 그러한 자아를 일상적 호기심으로는 접근할 수 없도록 만드는 데서 공안은 장치되어 있는 셈이다.

그는 자신의 형상을 따라 우리를 나의 것(주체, 인격)으로 하지만 동시에 그것(객체, 피조물)으로 만들었다. 우리는 형이상학적으로 이중적이고 재현적이다.

우리가 이러한 이원론을 극복하려면 반드시 그 딜레마 뿔의 어느 하나 또는 양쪽의 실재를 거부해야 하는 것처럼 보인다. 서양의 유물론자들은 인격을 세계 사물 가운데의 한 사물로 환원하는 반면에, 동양의 신비가들은 우리 자신의 유한한 사물성을 포함하여 사물의 객관적 실재를 의식 또는 정신 또는 "불심" 또는 브라만("당신은 그것이다")으로 환원한다.

시대를 거쳐 지금에 이르기까지 우리의 가장 뛰어난 철학자들은 인간학적으로 이 두 고전적 오류, 즉 유물론적 자연주의나 유심론적 범신론 사이에서, 인간을 사물로 혼동하는 것과 인간을 신으로 혼동하는 것 사이에서 어느 한쪽으로 이끌렸다. 믿을 수 없는 일이다! 우리의 위대한 철학자들, 우리의 위대한 인식 주관들이 그들 자신을,

바로 그들 자신의 본질을 그들이 아닌 것과 혼동하는 것을 피할 만큼 알지 못한다는 사실 말이다!

우리의 철학자들이 유물론과 범신론이라는 이 두 극단적 오류를 피하고자 할 때, 그들은 이런저런 수정 형태의 이론, 즉 인간 동물설(animalism)이나 천사주의(angelism)에 빠지게 된다. 그들은 우리를 물질 또는 신과 혼동하지 않는 대신 우리를 동물 또는 천사와 혼동한다. 경험주의자, 실증주의자, 실용주의자, 세속주의자는 영혼, 초자연성, 기적, 천국, 추상적 보편 진리에 걸려 엎어진다. 그들은 인간 동물론자들이다. 플라톤주의자, 영지주의자, 데카르트주의자, 뉴에이지 추종자, 그리고 종교 생활에서 거룩함 대신 "영성"을 추구하는 사람들은 천사주의자들이다. 그들은 몸, 자연성, 성육신, 성사들, 보이는 교회, 구체성에 걸려 엎어진다.

그리스도는 이러한 딜레마에 대한 대답이다. 그는 양쪽의 오류에 대한 명확한 논박이다. (왜냐하면 그리스도가 우리에게 완진한 신과 완전한 인간을 계시한다는 점을 기억하기 때문이다.) 그리스도는 완전한 인간학자(anthropologist)만은 아니다. 그는 완전한 인간(anthropos)이다. 그는 인간학이 관심을 가지는 전부이다. 그는 인간이 존재하도록 만들어질 때 만들어져야 하는 바로 그 인간이다. 그는 변종이 아니다. 우리가 변종이다.

가장 위대한 현대 기독교 인간학자는 교황 요한 바오로 2세였다. 그의 철학의 중심에는 인간학이 있고, 그의 인간학의 중심에는 그리스도가 있다. 그는 "그리스도가 인간의 의미"라는 것을 계속적으로 반복한다. 따라서 "사실상, 인간의 신비가 진정으로 분명하게 되는 것은 말씀이 육신이 된 신비 속에서만 분명해진다." 교황 요한 바오로 2세는 그 문장을 제2차 바티칸 공의회 문서(CCC, *Catechism of the Catholic Church*)에서 즐겨 인용했다. 우리 자신에 관한 우리 각자의 철학, 심리학 그리고 인간학에서 우리가 보지 못하는 것을 우리는 그리스도 안에서 본다. 그는 투시 광선 거울이다. 우리가 그를 본다면 우리는 우리 각자의 심층을 본다.

그리스도는 인간의 삶의 의미가 무엇인가라는 문제에 대한 답이다. 우리는 누구이기를 의도하는가? 그 대답은 우리의 운명이 작은 그리스도가 되는 것이라는 데 있다. 삶의 의미는 그리스도라는 데에 있다. 인간학의 제일 문제에 대한 대답은 어떤 추상적 사실에 있는 것이 아니라 구체적이고 실현된 사실에 있다. 인간의 의미는 하나의 인간인 바로 이 인간에 있다.

구약 성경은 우리가 하느님의 형상에 따라 창조되었다고 말한다.(창세 1:26-27) 그러나 신약 성경은 그 형상이 무엇인지에 대해서 충만하게 보여 준다. 그것은 그리스도이다. 성 이그나티우스 로욜라가 "하느님의 영광은 충만하게 살아 있는 인간"이라고 말하면서 의도한 것이 바로 그것이다. 이것은 결코 모종의 모호한 휴머니즘이 아니다. "충만하게 살아 있는 인간"은 "작은 그리스도"이다.

우리가 어떻게 그것을 놓칠 수 있는가? 다만 우리가 절반 이상을 어중간하게 보내기 때문이다. 신약 성경은 그것이 여러 곳에 강렬하고 분명하게 나온다는 것을 말해 주고 있다. 예를 들면 로마서 8장 29절에 나온다. "하느님께서는 이미 오래 전에 택하신 사람들이 당신의 아들과 같은 모습을 가지도록 미리 정하셨습니다. 그래서 그리스도께서는 많은 형제 중에서 맏아들이 되셨습니다." 고린토 I서 15장 49절에 나온다. "우리가 흙으로 된 그 사람의 형상을 지녔듯이 하늘에 속한 그분의 형상을 또한 지니게 될 것입니다." 베드로 II서 1장 4절에 나온다. "우리는 그 영광과 능력에 힘입어 귀중하고 가장 훌륭한 약속을 받았습니다. 여러분은 그 덕분으로 정욕에서 나오는 이 세상의 부패에서 멀리 떠나 하느님의 본성을 나누어 받게 되었습니다."

우리가 우리 자신을 알기 위해서 그리스도의 신의 계시를 필요로 하는 둘째 이유가 또 있다. 그 이유는 이렇다. "계시가 하느님에 대해 주는 지식 없이는 우리는 죄를 분명하게 인식할 수 없고 죄를 다만 발달적인 결함, 심리학적 약점, 오류, 또는 부적합한 사회 구조의 필연적 결과로만 설명하려는 유혹에 빠질 수 있다."(CCC 389) 그리스도는 우리에게 자신이 정상임으로써 우리가 어떻게 비정상인지를 보여 준다. 우리가 그를 판단하기보다 그가 우리를 판단하게 한다면 우리의 "정상"이 사실상 비정상임을 우리는 알게 될 것이다. 바로 이것이 인간학의 결정적인 인식론적 문제이다. 우리가 그리스도를 판단하는가? 아니면 그리스도가 우리를 판단하는가?

그리스도를 알지 못하면, 따라서 우리의 "비정상주의"(abnormalism)를 알지 못하면 우리는 "정상주의"(normalism)의 근본 오류에 빠지게 되어 있다. 모든 세속 심리학, 사회학, 그리고 인간학은 근본적으로 그 토대가 일그러져 있다. 왜냐하면 그것들은 그 대상 즉 인간이 본성의 상태에 있다고 잘못 가정하기 때문이다. 그것들이 가진 모든 자료는 "정상" 인간 행동의 관찰이다. 이것은 물리학과 천문학의 모든 자료가 물질이 그 본성에 따라 어떻게 행동하는가를 관찰하는 데서 나오는 것과 같다. 하지만 물리학자가 중력이 물질에 고유한 것이 아니고 물질이 과거의 어느 시점에 지금과 같은 비정상 상태로 "타락"하게 되었다고 믿게 된다면, 물리학이 근본적으로 어떻게 변할 것인지를 한 번 상상해 보라. 천문학자가 별들은 다만 "타락"이라고 부르는 과거의 어느 시점에 빛나기 시작했을 뿐이라고 믿게 된다면, 천문학이 겪게 될 근본 충격을 한 번 상상해 보라. 기독교가 인간학이 겪는 거대 충격을 계시하는 것은 창조 · 타락 · 구속이라는 세 가지의 결정적인 거대 사건이라는 인간 역사의 기본 해석과 타락 교리의 관점에서이다.

기독교는 세속 인간학이 모르는 두 사람, 즉 지금까지 살아 왔던 사람 가운데 단 두 명의 무죄 인간, 아담과 그리스도를 자료실에 올린다. 기독교는 타락한 인간을 이 정상에 비추어 판단한다. 이러한 바른 교정 기준이 없다면 불가피하게 우리는 우리의 현재의 죄성을 본성과 정상이라고 퇴행적으로 생각하고 오해하며, 따라서 무죄와 심지어 거룩함조차도 비정상과 비본성이라고 보고 인간성이라기보다는 초인간성이라고 본다. 마찬가지의 논리로, 주정뱅이와 마약중독자는 정신이 맑은 사람을 비정상으로 본다. 우리 모두는 도덕적으로 주정하는 사람이고 죄에 중독된 사람이다. 그래서 빌 클린턴 지지자들이 대통령에게 신뢰와 정직 같은 "비현실적인, 습득 불가능한" 덕목을 기대하는 것은 잘못된 것이고 심지어 부도덕하다고 주장하는 것은 아주 당연했던 것이다.

이것이 세속 사회의 인간관의 가장 근본적인 오류이고 다른 모든 오류의 뿌리이다. "인간이 악에 기울어진 상처받은 본성을 가지고 있다는 사실에 무지하면 교육, 정치학, 사회적 행동, 도덕 영역에서 심각한 오류가 초래된다."(CCC 401) 이 네 분야에서 세속 "자유주의"(이 말은 이들이 실제로 자유를 주지 않기 때문에 오도된 용어이다)는 개인의 죄의 실재성을 거부하고 인간을 감자라기보다는 상추로 본다. (상추는 밖에서 안으로 썩어 들어오고 감자는 안에서 밖으로 썩어 나간다.) 그래서 그들의 해결책은 항상 "상추식 해결"이다. 다시 말해서 이것저것을 해 보기도 하고 사회 환경을 개선하기도 하고 사회구조에 재정을 붓기도 하고 양질의 교육으로 사람을 조정하기도 한다. 이것들은 밖을 청결하게 하지만 내부의 부패를 무시하는 바리사이파 사람들과 같다.(마태 23:25-26) 누군가가 자유주의자를 청정 공기 속에서 숨 쉴 권리를 요구하면서 말은 더럽게 할 수 있는 사람이라고 정의한 적이 있다.

이러한 왜곡된 조망을 교정할 수 있는 유일한 방법은 참다운 참조점을 발견하는 것이다. 그러나 우리는 할 수 없다! "의사들이여, 당신 자신을 치료해 보라!" 우리는 광고 방송 문구에서도 장애인들이다. "나는 쓰러져 일어설 수 없다." 우리는 낙원으로 되돌아갈 수 없다. 비슷한 광고 노래 가사는 정말 잘못된 것이다. "기사라도 우리를 멈추게 할 수 없으리. 왜냐하면 그도 마약만이 낙원이라는 걸 알게 될 터이므로." 그렇지 않다. 기사(경찰)는 우리를 멈추게 할 것이다. 단 하나만 제외하고 모든 남은 마약을 발견할 것이기 때문이다.

우리는 타락 이전의 아담을 보기 위해 낙원으로 돌아갈 수 없다. 하지만 "우리는 예수를 본다."(히브 2:9) 그리스도는 인간학을 위한 우리의 새로운 자료이다. 그리스도가 우리의 표준 또는 규범이다.

이러한 자료가 없다면 우리는 공항에서 우리에 갇힌 채 인식표를 씹으면서 씩씩거리는 개와 같고, 그리하여 자신의 참된 이름도 주인 이름도 집도 모르는 개가 되고 만다. 그는 그가 어디서 왔는지, 누구인지, 어디로 가야 하는지를 모른다. "예수 그리스도가 없다면 우리는 우리의 삶, 우리의 죽음, 우리의 하느님, 우리 자아의 의미를 알지 못한다."(파스칼) 우리는 이러한 결정적인 4중의 정보를 오직 그리스도에게서만 얻는다. 우리의 참된 이름은 "그리스도의 형제, 하느님의 자녀"라는 것이다. 우리는 이 개 인식표를 간직해야 하고 소중히 해야 하며 살아 내야 하고 기억해야 하며 가끔씩 읽어야 한다. 이 인식표는 그리스도이다. 그리스도는 인간학의 열쇠이다.

그런데 우리가 어떻게 그리스도가 될 수 있는가? 이것은 불가능한 또 다른 공안이 아닌가? 우리는 그리스도가 되어야 한다. 그러나 우리는 될 수 없다. 우리의 기도로도 우리의 탄원으로도 우리의 눈물로도 우리의 사랑으로도 우리의 생각으로도 우리의 행위로도 우리의 신비적 경험으로도 될 수 없다. 우리는 도무지 그렇게 될 수 없다. 그렇게 하려면 우리는 다른 사람이 되어야 한다. 우리는 "거듭나지" 않으면 안 된다. 변화를 겨냥하는 모든 세상의 가르침의 이미지 가운데 (요한 복음 3장에 나오는) 예수의 이미지가 가장 급진적 이미지로서 뚜렷이 부각된다. 또한 그만큼 니고데모는 그것이 전혀 불가능한 것임을 주장했다. 즉 "어떻게 이런 일이 있을 수 있습니까?"

바리사이파 사람들 가운데 니고데모라는 사람이 있었다. 그는 유다인들의 지도자 중 한 사람이었다.

어느 날 밤에 예수를 찾아와서 "선생님, 우리는 신생님을 하느님께서 보내신 분으로 알고 있습니다. 하느님께서 함께 계시지 않고서야 누가 선생님처럼 그런 기적들을 행할 수 있겠습니까?" 하고 말하였다. 그러자 예수께서는 "정말 잘 들어두어라. 누구든지 새로 나지 아니하면 아무도 하느님의 나라를 볼 수 없다." 하고 말씀하셨다. 니고데모는 "다 자란 사람이 어떻게 다시 태어날 수 있겠습니까? 다시 어머니 뱃속에 들어갔다가 나올 수야 없지 않습니까? 하고 물었다.

"정말 잘 들어두어라. 물과 성령으로 새로 나지 않으면 아무도 하느님 나라에 들어갈 수 없다. 육에서 나온 것은 육이며 영에서 나온 것은 영이다. 새로 나야 된다는 내 말을 이상하게 생각하지 마라. 바람은 제가 불고 싶은 대로 분다. 너는 그 소리를 듣고도 어디서 불어와서 어디로 가는지를 모른다. 성령으로 난 사람은 누구든지 이와 마찬가지다." 예수께서 이렇게 대답하시자 니고데모는 다시 "어떻게 그런 일이 있을 수가 있겠습니까?" 하고 물었다. 예수께서는 다시 이렇게 말씀하셨다. "너는 이스라엘의 이름난 선생이면서 이런 것들을 모르느냐?" (요한 3:1-10)

니고데모는 그 마음속에 두 가지 물음, 즉 메시아와 "하느님의 나라"를 품고 예수에게로 왔다. 예언자에 따르면, 메시아는 하느님의 나라를 이 지상에 가져올 것이다. 그런데 예수는 하느님의 나라를 선포하고 있었다. 그렇다면 그는 메시아가 아닌가? 그러면 우리는 어떻게 이 "하느님의 나라"에 들어갈 수 있는가?

니고데모는 잘해 보려는 말을 준비했던 것으로 보인다. 그는 공손하게 간접적으로 예수의 기적("표징")을 칭송하는 말로 시작한다. "선생님, 우리는 선생님을 하느님께서 보내신 분으로 알고 있습니다. 하느님께서 함께 계시지 않고서야 누가 선생님처럼 그런 기적들을 행할 수 있겠습니까?" 이것은 공손하게 우회적으로 "당신은 메시아입니까?"라고 묻는 물음이다. 이제 둘째 물음, 즉 하느님의 나라에 들어가는 법에 대한 실제적인 "최종" 물음으로 가는 데는 5분 정도의 말들이 오고 갔을 것이다. 그러나 예수는 의례적인 말들을 자르고 니고데모가 마음에 품고 있는 질문에 바로 대답했다. 더욱이 예수는 니고데모가 입술로 질문을 던지는 것을 기다리지도 않은 상태에서 즉각적으로 먼저 대답했다. "정말 잘 들어두어라. 누구든지 새로 나지 아니하면 아무도 하느님 나라를 볼 수 없다."

니고데모는 경악한다. 예수는 세 가지 다른 종류의 사람들을 놀라게 하고, 따라서 예수에 따르는 세 가지 다른 종류의 놀라움을 계시한다. 모든 것이 예수에 따라 달라진다. 그는 사람들과 이들의 놀라움을 포함해서 무엇이나 판단하는 최고 표준이다. 사실상 이 세 가지 놀라움은 사람들을 세 부류로 분류하는 기본적인 인간학의 실마리이다. 파스칼은 이 세 부류를 다음과 같이 분류한다. "다만 세 종류의 사람들이 있을 뿐이다. 신을 추구하고 그를 발견한 사람들, 이 사람들은 합당한 사람들로 행복한 사람들이다. 신을 추구하고 있으나 아직 발견하지 못한 사람들, 이 사람들은 합당한 사람들로 불행한 사람들이다. 신을 추구하지도 않고 발견하지도 않는 사람들, 이 사람들은 합당한 사람들이 아니며 불행한 사람들이다."(『팡세 160』) 예수는 그분을 발견한 자기 제자들을 어떤 방식으로 경악하게 한다. 예수는 그를 추구하고 있으나 아직 발견하지 못한 니고데모를 다른 방식으로 경악하게 한다. 예수는 그를 추구하지도 발견하지도 않는 원수들을 또 다른 방식으로 경악하게 한다.

영으로 "거듭나서" 예수의 제자가 되는 사람들은 예수가 했듯이 세계를 경악하게 할 수 있는 동일한 능력을 가지고 있다. 그것은 바람처럼 보이지 않는 힘이다. 그것은 허리케인이 숲을 뒤집어 놓을 수 있는 것 같이 세계사의 이방 대제국을 뒤집어 놓을 수 있는 힘이다. 이것이 세계가 예수의 제자들을 "세상을 소란스럽게 하던 자들"(사도 17:6)이라고 부른 이유이다.

니고데모는 예수에게 그 경악스러운 이미지를 설명해 달라고 요구한다. 확실히 예수는 그것을 문자적으로 뜻하지 않는다. 왜냐하면 그것은 물리적 불가능성이기 때문이다. 그렇다고 그는 유대인들이 믿지 않는 환생을 가리키는 것도 아니다. 왜냐하면 그것은 개인이 하느님의 형상에 따라 유일하게 창조된 피조물이 아니라는 것, 개인이 "스스로 존재하는 자"라는 무한한 하느님같이, 유한한 방식으로 이기는 하지만 유일하게 개인적인 나, 유한한 "나"가 아니라는 것을 함의하기 때문이다. 그래서 니고데모는 예수의 이미지가 언어의 그림, 수사적 과장임에 틀림없다고 믿는다. 그렇다면 그것은 문자적으로 무엇을 의미하는가 하고 의아해하면서 그는 묻는다.

예수의 해석은 처음의 이미지보다 훨씬 더 경악스럽다. 그는 처음의 이미지보다 희석시켜 말하는 것이 아니라 랍비의 공식으로 반복해서 말한다. "정말 잘 들어두어라"라는 공식은 "너는 이 말을 최소한이 아니라 가장 강한 의미로 해석해야 하고 문자적으로 그것은 참 이상의 것이며 그 이하는 결코 아니라는" 것을 의미한다.

그 후에 그는 부모의 정체에 관한 설명을 덧붙인다. 그것은 어머니 지구와 물질이 아니라, 아버지 하느님의 영과 세례의 성수이다. "물과 성령으로 새로 나지 않으면 아무도 하느님 나라에 들어갈 수 없다."

그러므로 이러한 중생(重生)은 영적(靈的)이지 육적(肉的)이 아니다. 그러나 그렇다고 그 때문에 그것이 단순하게 상징적으로 되는 것도 아니고, 덜 실재적이 되는 것도 아니며, 한갓된 이미지에 지나지 않는 것도 아니다. 그와는 정반대이다. 하느님의 영은 소멸하는 육보다 더 실재적이고 더 견고하고 더 실체적이다. 따라서 영적 탄생은 육체적 탄생보다 더 견고하고 더 실체적으로 실재적이다.

이어서 예수는 육적 탄생과 영적 탄생을 비교하면서 이 두 경우에 각각 자녀가 아버지를 닮는다고 설명한다. "육에서 나온 것은 육이며, 영에서 나온 것은 영이다." 이것은 경악스럽지만 전적으로 합당한 것이다. 그러나 예수는 니고데모의 얼굴에서 도무지 이해할 수 없다는 표정을 읽었기에 반어적으로 다음과 같이 말하게 되는 것이다. "너는 이스라엘의 이름난 선생이면서 이런 것들을 모르느냐?" 이것이야말로 이스라엘의 모든 문제이고 목적이다.

그러고 나서 예수는 이 곤혹스러운 것을 친숙한 것, 즉 바람에 비유한다. 바람은 영의 자연적 상징이다. 히브리어(루아흐*ruah'*)와 그리스어(프뉴마*pneuma*)는 동일한 낱말로서 "영", "바람", "생명의 호흡"을 의미한다. 바람은 전혀 보이지 않지만 전적으로 실재한다. 바람의 근원은 바람처럼 보이지 않지만 그 결과는 그렇지 않다. 그것들은 급진적이다. 큰 바람은 집과 나무를 날려 버릴 수 있다. 하느님의 바람도 마찬가지이다. 이 세계의 제일 대국, 로마제국을 날려 버릴 수 있고 "이 세계에 속하지 않은" 다른 왕국, 즉 보편적 세계 교회를 세울 수 있다.

당신은 바람을 볼 수 없지만, 이를테면 그 결과를 보고 그 흔적을 읽고 바람이 있다는 사실을 볼 수 있다. 물론 당신이 유물론이라는 현대 우상, 말하자면 나무가 바람을 만든다는 오류, 보이는 것이 보이지 않는 것을 일으키지 그 반대는 아니라는 오류에 마취되어 있지 않다면 말이다.

우리는 보이지 않는 것을 추상적이고 비인격적인 것으로, 관념적인 것 또는 이상적인 것으로, 말이나 원리로 생각하는 버릇이 있다. 또 우리는 보이는 것을 표범, 암, 외과의사처럼 구체적으로 살아 있는 것, 생명을 변화시키는 것, 위험한 것으로 생각한다. 그러나 하느님의 영은 훨씬 더 살아 있는 것이요 격렬한 것이다. 그는 성도의 개종과 아이의 임신에 행동하는 궁극적 동자(agent)이다. 성령은 "그것"이 아니라 "그", 즉 힘이 아니라 인격이다. 그는 허리케인처럼 실재적이요 혁명적이로되, 산산이 부수어 버리는 실재이다.

예수는 그분에게 마음의 문을 열어 줄 모든 사람에게 그분을 보낼 것이다. 당신이 그 바람에 문을 열어 준다면 그는 철저하게 당신 집의 가구를 재배치할 것이다.

"거듭난다"라는 이미지는 너무 강하지도 너무 약하지도 않다. 거듭남과 거듭나지 않음의 차이는 태어남과 태어나지 않음의 차이보다 훨씬 급진적이다. 왜냐하면 태어남과 태어나지 않음의 차이는 이 세계의 시간적 존재와 비존재 사이의 차이이기 때문이다. 그러나 거듭남과 거듭나지 않음의 차이는 영원한 존재와 비존재 사이, 천국과 지옥 사이의 차이이다. 이것은 임신과 비임신 사이의 차이처럼 절대적 차이이다. 이것은 매우 좋음과 매우 나쁨 사이의 차이처럼 상대적 차이가 아니다. 이것은 단순히 당신의 삶의 부가물이나 개선물이 아니다. 그것은 생명 자체이다. 그것은 생명이 더 많고 더 적음 사이의 차이, 좋은 삶과 나쁜 삶 사이의 차이가 아니라 삶과 죽음 사이의 차이이다. 그러므로 그것은 조금 열심히 하고 많이 열심히 함으로써, 또는 매우 좋고 성실하고 다정하게 됨으로써 초래될 수 없다. 그것은 새로운 육체적 생명처럼 하나의 선물이다. 그것은 새로운 존재의 선물이다. 그것은 비존재에서 존재로 옮아가는 전이이다. 그것은 창조 행위이다. 오로지 하느님만이 창조할 수 있다.

우리가 그분의 새로운 생명을 품으려면 남자가 여자에게 현존해야 임신이 가능하듯 하느님이 우리에게 실제로 현존해야 한다. 전자우편으로 임신하는 것은 불가능하다. 당신은 임신을 생각하는 것만으로는 또는 아무리 심원한 "의식 변혁"이라고 해도 그것만으로는 임신할 수 없다. 당신의 몸이 인간의 생명을 잉태할 수 있는 것은 오로지 당신의 몸 안에 남자가 실재적으로 현존함으로써이다. 마찬가지로, 당신의 영혼이 신적 생명을 잉태할 수 있는 것은 당신의 영혼

안에 하느님이 실재적으로 현존함으로써이다.

예수는 인간에 실재적으로 현존하는 하느님이다. 그는 1세기에 이스라엘에서 33년 동안 개인의 몸에 가시적으로 현존했다. 그는 세계의 남은 역사를 위해, "그리스도의 신비체"인 교회라는 보편적 몸 안에, 비록 보이지는 않지만, 현존한다. 교회는 "성육신의 연장"이다. 이것이 교회가 그의 이름으로 권위 있게 가르치는 이유이고, 그의 이름으로 세례를 주며 죄를 용서하며, 그의 실재적 임재 속에서 성찬을 베푸는 이유이다.

이것은 선택 사양이 아니다. 이것은 길이다. 당신이 거듭나지 않는다면 당신은 하느님의 나라에 들어갈 수 없다. 당신이 하느님을 품지 않는다면 당신은 천국에 갈 수 없다. 이것은 남부 침례교의 근본주의가 아니다. 그것은 나자렛 예수의 기독교이다.

그러나 니고데모와 같이 아직도 많은 사람들이 그것을 가지고 있지 않다. 우리는 이 모든 종교 활동의 중심과 본질을 놓치고 있다. 우리는 그것이 달리 생각하는 것, 달리 믿는 것, 달리 평가하는 것, 달리 행동하는 것에 관한 것이라고 생각하고 있으며 이 모든 것의 뿌리가 달리 존재하는 것임은 잊어버리고 있다. 그리스도는 우리에게 새로운 사고와 가치만이 아니라 새로운 존재를 수여한다.

니고데모와 같이 많은 사람들이 종교 활동의 핵심을 붙잡지 못하고 있다. 많은 사람들이 성 행위의 핵심을 붙잡지 못하고 있다. 종교의 주요 의미와 목적이 창조(새로운 신적 존재의 창조)인 것처럼 성의 주요 의미와 목적은 출산이다. 그러나 우리는 임신을 "사고"(accident)로 바꾸어 버렸다! 이것은 종교, 신앙, 신조, 교회, 성사를 일괄 거래로 받아들이는 것과 같이 되어 버렸고, 천국에 들어가는 것을 사고로 부르는 것과 같이 되어 버렸다! 또는 건강식품을 먹는 것과 같이 되어 버렸고, 당신의 신체 건강을 사고로 부르는 것과 같이 되어 버렸다! 우리는 아둔하기만 하는 것이 아니고 뒤틀려 버렸다!

예수가 니고데모에게 "정말 잘 들어두어라. 물과 성령으로 새로 나지 않으면 아무도 하느님 나라에 들어갈 수 없다"라고 말했을 때 니고데모는 아연실색해서 경악의 외마디를 던졌다. "어떻게 그런 일이 있을 수가 있겠습니까?" 이것은 솔직하고 정직하고 겸손한 반응이다. 니고데모는 바리사이파 인물이었고 그들은 그렇게 나쁜 사람은 아니었다. 그의 목소리는 신약 성경에 나오는 대부분의 바리사이파 사람들에게서 듣는 소리와는 매우 달랐다. 그러나 바리사이파 사람들이 모두가 그렇지는 않았고 일부만 달랐다. 가믈리엘(사도 5:34-39)이나 바울로(필립 3:5)를 보라. 니고데모의 놀라움은 높은 지위와 명성, 전문가라고 소문난 사람의 가면 뒤에 숨어 있는 사람이라면 표현할 수 없는 정직한 자녀가 보여 주는 놀라움이다. 이제 그 가면은 벗겨졌다. 니고데모는 이제 소크라테스처럼 현상을 염려하는 것이 아니라 실재와 진리만 염려하는 존재가 된다.

니고데모의 놀라움에 대한 예수의 대답은 또 다른 종류의 놀라움이다. 예수는 니고데모가 아연실색했다는 점에 아연실색한다. 니고데모의 전혀 반어적이지도 않은 놀라움에 반응하는 예수의 모습은 그야말로 반어적인 놀라움이다. "뭐라고? 너는 이스라엘을 가르치는 랍비가 아니냐? 그런데도 이것을 모른다? 이것은 이스라엘의 전부와 유대교의 전부가 위하는 바로 그것이 아니었더냐?"

"모든 율법과 예언자도, 모든 성경도, 예언자, 섭리, 기적으로 가득 찬 너희의 모든 역사도, 또 아브라함에서 시작하여 내려온 이 모든 2000년에 걸친 하느님의 교육 프로그램도, 아담과 노아와 함께 시작한 모든 언약도 바로 이것을 위한 것이었다." 이것이 아버지가 이스라엘을 선택했을 때 마음에 품었던 목적이다. 그는 이스라엘을 인간성의 제2의 탄생을 위해서 인간의 자궁으로 삼기로 선택했다. 이것이 우주의 창조 때부터 태초에 품었던 의도였다. 이것이 만물과 별과 행성과 지질학적 · 생물학적 진화의 취지이다. 그가 창조한 물질 세계의 최고 목적은 인간을 만들기 위해 사용한 진토를 제공하기 위한 것이고(창세 2:7), 인류 최초의 육체적 탄생을 위한 자궁으로 존재하기 위한 것이다. 그리하여 이것은 여자의 자궁을 낳기 위해 설계한 자궁이었으며, 이 여자의 자궁은 또다시 새로운 남자와 여자, 즉 그의 형상에 따라 창조되어 죽을 수 없는 영혼을 가진 새로운 인격을 낳기 위한 것이다. 이것이 우주의 최초의 취지였다. 즉 그것은 사람이다. 당신은 신이 성운 가스와 은하계를 돌아본다고 생각했는가? 그것들은 사람을 위한 준비물이고 예비물이며 태좌(胎座)일 뿐이다. 사람이 우주의 의미이다. 우주는 관목에서 만발하는 꽃처럼 사람이 꽃피는 곳이다.

이러한 인간성 안에 있는 이스라엘의 취지는 제2의 자궁, 즉 세계의 자궁 안에 있는 자궁으로 존재하기 위한 것이다. 이렇게 선택된 자궁의 궁극적 목적과 생산은 메시아이다. 이제 그가 이 순간에 대면하여 너에게 이스라엘의 모든 의미는 나라고 말하고 있다. 그런데 이스라엘의 선생인 네가 나를 모르다니, 얼마나 아이러니한가!

이스라엘 안에 제3의 자궁, 나의 어머니가 있다. 그녀는 펜처럼 이스라엘이 가는 단 하나의 유일한 예각화된 지점 즉, 기도할 때 무릎을 꿇고 기도하는 젊은 처녀이다. 그녀는 나의 천사에 의해 전갈을 전달받고 인간성과 그 구원으로 향하는 내가 선택한 문이 방해를 받지 않고 열리는가를 보려고 숨을 죽이고 기다렸다. 그 문은 열렸고 그녀는 받아들였다. 나는 그녀가 그렇게 할 것이라는 것을 알고 있었다. 나는 자신의 어머니를 선택한 역사상 유일한 인간이다.

"그래서 우주는 인간성을 위한 자궁이었고, 인간성은 이스라엘을 위한 자궁이었으며, 이스라엘은 마리아를 위한 자궁이었고, 마리아는 나를 위한 자궁이었다. 따라서 마리아는 우주의 의미이고, 나는 그 의미의 의미이다."

이 모든 것은 조금이라도 빠짐없이 예수의 주장 속에 포함되어 있다. 그만큼을 풀어내는 데는 2000년이 걸렸고 그 모두를 풀어내는 데는 수천 년 이상이 걸릴 것이다. 아니, 그것은 영원을 필요로 할 것이다. 교회는 자신의 거룩한 짐, "신앙의 예금"을 다만 풀어내기 시작했을 뿐이다. 서기 5000년의 관점에서 보면 우리가 "초대 그리스도인들"일 것이다.

이러한 하느님의 계획에서 각 단계마다 영의 역할은 본질적이다. 영은 혼돈에 질서를 불어넣었고(창세 1:2), 사람에게 생명을 불어넣었다.(창세 2:7) 우리는 하느님의 형상에 따라 창조된다. 왜냐하면 우리는 하느님(영)을 호흡하기 때문이다. 우리가 죄로 인해 우리 안에 있는 하느님의 형상을 지웠을 때 하느님의 반응은 영을 파송하여 이스라엘의 기적을 상기시키는 것이었고, 마침내 마리아를 그 어머니 안나의 자궁에 원죄 없이 잉태시키는 것이었으며, 이어서 그리스도를 인간 아버지 없이 마리아의 자궁에 잉태시키는 것이었다. 영은 지상 생활 내내 그리스도의 음식이요 힘이며 지혜였다. 그의 영과 그의 아버지의 영이 우리에게 보내는 선물은 그의 사역의 절정이다.(요한 16:7) 이 성령의 사역은 예수가 니고데모에게 말하는 "새로운 탄생"이다. 성령은 시편 51편에 나오는 다윗의 예언자적 기도를 성취한다. "하느님, 깨끗한 마음을 새로 지어주시고 꿋꿋한 뜻을 새로 세워주소서."(시편 51:10) 하느님만이 창조할 수 있고 무로부터 유를 만들 수 있으며 비존재와 존재 사이의 무한한 간격을 연결할 수 있다. 하느님은 육체적 사랑이 열린 육체를 제공할 때 임신을 통해 매번 새로운 인간의 영(영혼)을 창조한다. 그는 영적 사랑과 신앙이 열린 영혼을 준비할 때마다, 새로운 영을 창조하고 신적 생명에 관여하는 인간의 실재적 참여를 창조한다. 세상에 들어가는 새로운 자연적 인간 생명을 위한 문은 성 행위에서 남자를 받아들이는 여자이고, 하느님의 나라에 들어가는 새로운 초자연적 영원한 생명의 문은 마리아처럼 신앙으로 하느님을 받아들이는 영혼이다. 마리아에게 주어진 약속은 역시 우리에게 주어진 약속이다. "성령이 너에게 내려오시고 지극히 높으신 분의 힘이 감싸주실 것이다. 그러므로 태어나실 그 거룩한 아기를 하느님의 아들이라 부르게 될 것이다."(루가 1:35)

이것이 역사의 진정한 의미이고 목적이다. 이것이야말로 참다운 "시간의 축약사"일 것이다. 우리가 영생으로 새롭게 태어나는 것, 우리가 작은 그리스도가 되는 것, 우리가 거룩한 아버지의 신적 본성과 인간적 아버지의 인간 본성을 함께 가진 하느님의 자녀가 되는 것이 그런 것이다. 단적으로 말해서, 그리스도처럼 인성과 신성의 두 본성을 가지는 것이다. (비록 우리의 신성은 은혜, 입양, 참여로만 가능할지라도.) 왜냐하면 바로 그것, 즉 부모의 본성이야말로 부모라면 자녀에게 주는 으뜸가는 선물이기 때문이다. 이 선물은 여타의 모든 것들, 이를테면 사랑, 시간, 교육의 토대이다.

이러한 것이 니고데모가 몰랐던 바, 종교의 취지이다. 그는 가장 알 가치가 있는 단 한 가지, 즉 그 이외의 모든 것이 지금까지 일어나게 되었던 바로 그 이유만 빼놓고 다 알았다. 그 이유가 니고데모 앞에 똑바로 놓여 있다.

그리고 우리 앞에도.

제 4 장

예수의 윤리학

제 4 장

예수의 윤리학

인류가 시대와 장소와 문화를 막론하고 본질적으로 제기한 모든 철학적 대문제들 가운데서 윤리적 도덕적 문제는 가장 필수적인 문제, 가장 실제적인 문제, 가장 흥미로운 문제, 가장 인격적인 문제로서 우리가 눈을 떼지 않고 지켜보며 대답을 요구하는 문제이다. 우리는 어떻게 살아야 하는가? 최고의 선, 최고의 가치, 삶의 의미는 무엇인가? 나는 어떻게 모든 과목에서 A학점을 취득하고도 인생에는 실패하는 비극을 피할 수 있는가?

네 가지 철학적 대문제 가운데서 모든 사람이 알고 있는 이 문제는 그리스도와 관계가 있다. 그리스도가 주님이라는 것을 믿지 않는 사람조차도 통상적으로 그의 도덕성, 그의 설교, 그의 실천을 칭찬한다. 그는 모든 시대의 도덕 교사로서 가장 넉넉하게 인정을 받고 가장 많은 영향을 끼친다. 그러나 도덕 문제에 대한 그의 대답에서 구별되는 것, 차이 나는 것, 새로운 것은 무엇인가?

그의 도덕성은 새로운 것이 아니었다. 새로운 도덕성, 새로운 부도덕성 같은 것은 없다. 모든 사람은 언제나 선하고 악한 것이 무엇인지를 알고 있었다. 정상 인간과 정상 사회라면 아무도 정의, 긍휼, 정직, 자기 통제, 자비, 충실, 지혜가 사악하고 부도덕하다고 믿지 않으며 불의, 증오, 거짓, 중독, 잔혹, 배반, 어리석음이 도덕적 선이거나 의무라고 믿지 않는다. 예수의 도덕성은 하나님이 자신의 형상에 따라 창조함으로써 인간의 본성과 인류의 마음과 양심에 이미 심은 식물 가운데서 가장 완전하게 피어난 꽃이었다.

양심은 보편적이다. 그것은 모든 인간 안에 존재한다. 어떤 사람에게는 무서울 정도로 약화되어 있고, 어떤 사람에게는 거의 죽어 있으나 결코 없지는 않다. 마음이 전혀 없는 사람처럼 양심이 하나도 없는 사람은 인간이 아니다. (지능 지수가 45인 사람은 인간이지만 지능 지수가 0인 사람은 인간이 아니다.)

예수의 도덕적 호소는 이미 거기에 있었던 도덕적 양심에 대한 호소였다. 토양은 이미 풍부했다. 씨를 뿌리는 많은 사람들이 그 영역에서 씨를 뿌렸고 다수의 사람들은 매우 깊은 곳에 살아 있는 씨를 뿌렸다. 예수만큼 소수의 적은 말로써 그토록 많은 단단한 씨를 뿌린 사람은 없었다. 여러분이 예수의 유대 전통을 주시할 때 성경이나 랍비의 말에서 발견될 수 없는 예수의 도덕적 말은 복음서에 거의 나오지 않는다는 것을 발견할 것이다. 그 많은 부분, 심지어 겸허와 자기희생과 약함의 힘에 관한 가장 놀라운 얼마간의 논점은 유대교 바깥에서 말하자면 노자, 부처, 공자, 소크라테스 등에서 발견될 수 있다. 그렇다면 무엇이 새로운가? 그의 황금 열쇠는 무슨 새로운 도덕적 문을 열어 주는가?

참된 세 가지 도덕적 문제, 다시 말해서 도덕성의 세 가지 기본 부분이 있다. 즉, 우리는 어떻게 서로에게, 우리 자신에게, 그리고 하느님에게 관계해야 하는가? 나의 배는 함대에서 어떻게 다른 배와 협력해야 하고 함대의 선형을 유지해야 하는가? 그리고 함대의 임무는 무엇인가? 이 세 가지 문제는 사회의 도덕성의 문제이고 개인의 도덕성의 문제이며 삶의 의미의 문제이다. 마지막 문제는 가장 중요한 문제이다. 왜냐하면 그 문제에 대한 답이 남은 문제에 대한 답과 구별되기 때문이다. 그것은 다른 모든 것의 궁극적 목적의 문제이다. 다른 모든 것은 궁극적으로 이 최종 목적을 위한 수단이다. "목적이 수단을 정당화하지 않는다"라고 할지라도, 즉 선한 목적이 악한 수단을 정당화하지 않지만, 선한 목적은 선한 수단을 정당화한다. 왜냐하면 수단은 목적에 따라 달라지기 때문이다. 이것이 수단(means)이 의미하는(means) 바이다. 즉, "수단"은 목적에 대한 수단이다.

그렇다면 삶의 의미, 궁극 목적, 최고선의 문제에 대한 예수의 대답은 무엇인가?

그 답은 그리스도 자신이다. 그리스도는 최고선이다.

그러면 우리는 어떻게 살아야 하는가? 우리는 어떤 종류의 사람이어야 하는가? 그리스도들이면 된다. 우리는 작은 그리스도이어야 한다. 우리는 "그리스도의 완전성에 도달하게 되어야 한다."(에페 4:13)

우리는 어떻게 서로를 대해야 하는가? 그리스도로서 대해야 한다. "분명히 말한다. 너희가 여기 있는 형제 중에 가장 보잘것없는 사람 하나에게 해준 것이 바로 나에게 해준 것이다."(마태 25:40)

여러분이 보고 있는 바와 같이, 그리스도는 우리에게 답을 알려 주는 대신 답을 보여 주고 있다. 왜냐하면 그가 답이기 때문이다. 그는 우리에게 그 자신을 보여 주고 있다.

이것이 새로운 것이고, 이것이 새로운 인간(New Man)이다. 우리 모두는 다른 답을 알고 있다. 우리는 도덕적으로 매우 잘 살아 본 적은 없지만, 항상 아주 그리고 매우 충분히 잘 알고는 있다. 우리가 도덕성을 얼마나 잘 알고 있는가를 형이상학, 인식론, 인간학, 신학을 얼마나 잘 알고 있는가와 대조해 보라. 하느님은 그와 같은 영역에서 우리가 많은 오류를 저지르도록 방치하기는 했지만, 도덕 영역에서 자기 자신을 분명하게 증거하지 않고 방치하도록 하지는 않았다. 그는 우리 모두에게 청종(聽從)하기만 하면 강력한 도덕성 발언이 될 두 명의 천상의 예언자를 보내 주었다. 우리는 모두 양심과 천사를 가지고 있다. 우리는 모두 하느님이 보낸 두 예언자, 즉 내부의 예언자와 외부의 예언자를 가지고 있다.

이 모든 도움으로, 도덕적 원리의 지도는 너무나 분명해서 바보

천치라도 해독할 수 있다. (물론 이 원리들을 복잡하고 변화하는 상황에 적용하기란 복잡하고 불안정하며 그렇게 단순한 과제는 아니다.) 우리는 많은 도덕 철학적 관점에서 보면 원리들을 너무 적게 가지고 있는 것이 아니다. 우리는 너무 많이 가지고 있다. 우리는 그 모든 원리들의 하나됨을 볼 필요가 있다. 우리는 예수를 볼 때 그것을 본다. 우리는 "필요한 것이 한 가지뿐이다"(루가 10:42)라는 것을 본다. 그리고 그것은 그이다. 우리는 "예수와 그 밖의 것"을 필요로 하지 않고 "예수밖에"(마태 17:8) 아무것도 필요 없다. 그 안에 모든 선과 선물 그리고 우리가 필요로 하는 절대적인 모든 것이 다 들어 있다.(필립 4:19) 왜냐하면 우리가 그를 알 때 우리에게 필요하다고 생각하는 사소한 선한 것들 중 다수, 이를테면 만찬을 제시간에 확실하게 마련하는 마르타의 일 같은 것들은 필요하지 않다는 것을 배우기 때문이다. 우리가 그를 알 때 우리에게 필요 없었다고 생각한 한 가지, 이를테면 그의 발치에 앉아서 말씀을 듣고 사랑하고 있는 마리아의 일 같은 것이 필요하다는 것을 배우기 때문이다. 그는 참으로 우리가 필요로 하는 모든 것이다. 문자적으로 그렇다. 그 이외에 우리가 알 필요가 있는 단 한 가지는 그 이외에 우리가 알 필요가 있는 것은 달리 아무것도 없다는 것이다.

성 바울로는 세상에 물의를 일으키는 이 스캔들 같은 선한 삶의 생각을 오직 예수로만 가르친다. 바울로의 선한 삶의 공식은 그 이상으로 단순해질 수 없을 것이다. 즉 "나에게는 그리스도가 생의 전부입니다."(필립 1:21) 따라서 곧이어 그는 다음과 같이 말한다. "죽는 것도 나에게는 이득이 됩니다." 왜냐하면 사는 것이 그리스도라면 죽는 것은 훨씬 더 나은 그리스도이기 때문이다.

예수가 복음서에서 말한 말의 약 절반이 윤리학에 관한 것이다. 하지만 윤리학에서 세계에 변화를 가장 많이 가져온 그의 공적은, 많은 그의 말이 아니라, 하나뿐인 그 자신이다. 그는 이른바 "하느님의 말씀들"이 아니라 "하느님의 말씀"인 것이다.

그는 세계의 가장 위대한 도덕 교사지만 그 이상이다. 그는 세계의 가장 완전한 도덕 사례지만 그 이상이다. 그는 세계의 가장 위대한 예언자지만 그 이상이다. 그는 선을 가르치고 선을 살았으며 선을 명령한 사람 이상이다. 그는 바로 선이다.

언젠가 어떤 사람이 그를 "선하신 선생님"이라고 말을 건네면서 물으니, 대답하기를 "왜 너는 나에게 와서 선한 일에 대하여 묻느냐? 참으로 선하신 분은 오직 한 분뿐이시다."(마태 19:17)라고 말했다. 그는 자신이 하느님이라는 것을 부인하고 있는 것이 아니라 긍정하고 있는 것이며, 그렇게 해서 그는 선한 사람 이상이라는 것, 더욱이 "선한 선생님" 이상이라는 것을 긍정하고 있는 것이다. 그는 선한 인간 한 명만이 아니라 선 전체, 육화된 선, 보편적 선이며, 부분적 특수한 선만은 아니다. 그는 삶의 의미의 최고 교사만은 아니다. 그는 삶의 의미이다. 부처는 "나를 보지 말고 나의 가르침을 보라"라고 말하고, 예수는 "나에게로 오너라"(마태 11:28)라고 말한다. 그는 삶의 의미를 완전하게 구현하는 인간만은 아니다. 그는 삶의 의미이다. 그는 어떤 것의 예시가 아니다. 예시는 예시 그 자체 너머를 가리킨다. 그는 선한 길을 나타내는 것만은 아니다. 그는 선한 길이다. 그는 선에 관한 진리를 말하는 것만은 아니다. 그는 선에 관한 진리이다. 그는 선한 삶을 사는 것만은 아니다. 그는 선한 삶이다. "나는 길이요 진리요 생명이다."(요한 14:6)

이것은 너무 충격적이므로 언어분석 철학자들이 "범주 착오"라고 부르는 것에 해당한다. 이것은 플라톤이 미의 영원한 본질이 저녁을 준비하는 주방에 있다거나 정의가 180센티미터 정도의 크기라고 말하는 것과 같다.

이 논점을 이해하기 어려운 것은 그것이 너무 단순하고 단일하기 때문이다. 우리의 정신과 마음은 단순하지 않으므로 우리가 이를 더 복잡하게 만든다면 이해하기가 더 수월해질 것이다. 이제 그것을 네 부분 또는 네 논점 또는 네 차원으로 나누어 보자. 첫째, 일련의 비인격적 원칙들 대신에 그를 따르는 "인격주의". 둘째, 단순성을 통한 율법주의의 극복. 셋째, 율법주의의 분명한 반대인 도덕적 상대주의의 논박. 넷째, 도덕적 성공의 비결.

1. 기독교 인격주의: 오직 예수만 보기

엿새 후에 예수께서는 베드로와 야고보와 야고보의 동생 요한만을

> 데리시고 따로 높은 산으로 올라가셨다. 그 때 예수의 모습이 그들 앞에서 변하여 얼굴은 해와 같이 빛나고 옷은 빛과 같이 눈부셨다. 그리고 난데없이 모세와 엘리야가 나타나서 예수와 함께 이야기하고 있었다. 그 때에 베드로가 나서서 예수께 "주님, 저희가 여기에서 지내면 얼마나 좋겠습니까! 괜찮으시다면 제가 여기에 초막 셋을 지어 하나는 주님께, 하나는 모세에게, 하나는 엘리야에게 드리겠습니다." 하고 말하였다. 베드로의 이 말이 채 끝나기도 전에 빛나는 구름이 그들을 덮더니 구름 속에서 "이는 내 사랑하는 아들, 내 마음에 드는 아들이니 너희는 그의 말을 들어라." 하는 소리가 들려왔다. 이 소리를 듣고 제자들은 너무도 두려워서 땅에 엎드렸다. 예수께서 그들에게 가까이 오셔서 손으로 어루만지시며 "두려워하지 말고 모두 일어나라." 하고 말씀하셨다. 그들이 고개를 들고 쳐다보았을 때는 예수밖에 아무도 보이지 않았다.(마태 17:1-8)

이 "변형"에서 분명히 포착해야 하는 제일 중요한 것은 그것이 예수라는 실재의 변형이 아니라 제자들의 환시(vision)였다는 점이다. 예수는 변하지 않았고 빛보다 더 빛나게 되지 않았다. 그는 항상 빛보다 더 빛났고 빛난다. (그는 소량의 빛이 아니다. 빛이 소량의 그이다.) 변한 것은 제자의 눈이었다. 하느님이 그들로 하여금 현상적인 것 대신에 존재하는 실재를 보게 하였다. 하느님이 커튼을 걷어주었다.

이것은 구약 성경 열왕기하 6장에 나오는 장면과 비슷하다. 시리아의 악한 왕이 예언자 엘리사가 어디에 있는지 찾아보고 군대를 보내 죽이라고 하는 장면이 나온다.

시리아 왕은 "가서 그가 어디 있는지 알아오너라. 내가 군사를 보내어 그를 사로잡으리라." 하고 명령하였다. 이내 엘리사가 도단에 있다는 보고가 들어왔다. 그는 기마부대와 병거부대와 강한 부대를 보냈다. 그 군대는 밤중에 그 곳에 도착하여 성을 포위하였다. 하느님의 사람의 시종이 아침 일찍 일어나서 밖에 나갔다가 대군이 군마와 병거로 성을 포위하고 있는 것을 보았다. 그 시종이 "선생님, 큰일났습니다. 이걸 어떻게 하면 좋습니까?" 하고 물었다. 엘리사는 "두려워 마라. 우리 편이 저편보다 많다." 하면서 이렇게 기도하였다. "야훼여, 이 시종의 눈을 열어보게 해주십시오." 그러자 야훼께서 그 시종의 눈을 열어 주셨다. 그리하여 그는 불말을 탄 기마부대와 불병거부대가 엘리사를 둘러싸고 온 산에 덮여 있는 것을 보았다."(열왕 하 6:13-17)

하느님이 불 같은 천사 군대를 보는 환시를 엘리사의 종의 눈에다가 넣어 준 것이 아니다. 그는 다만 종의 눈의 척도를 제거해 버린 것이다. (천사들은 우리가 그들을 볼 때만 거기에 없다!)

하느님은 변화산(타보르산)에서 베드로, 야고보, 요한에게 유사한 일을 했다. 이 일이 일어나기 전에 베드로는 바람이 불어 풍랑이

이는 두려운 바닷물 위를 걷고 있었는데, 그때 "오직 예수만" 보고 있기란 어렵다는 것을 깨달았다.(마태 14장) 그는 예수에게서 눈을 떼자 물에 빠지게 되었다. 그런데 베드로는 해같이 빛나는 하늘의 영광이 있는 변화산에서도 "오직 예수만"을 보고 있기란 어렵다는 것을 깨닫게 된다.(마태 17장) 왜냐하면 그는 거기에 초막 셋을 짓겠다는 우스운 그러나 그럴듯하게 들리는 제안을 불쑥 내놓기 때문이다. 예수가 그렇게 했다면 그 집은 몇 세기 안에 관광 명소가 되었을 것이고 베드로는 제자보다 개발업자로서 유명해졌을 것이다. 우스운 것은 초막을 짓겠다는 생각이 아니라, 예수를 모세와 엘리야와 같은 범주에 넣고 그 세 사람을 위한 집을 짓겠다는 생각이다. 베드로는 아마도 이 제안이 아부성 발언이라고 생각했을 것이다. 하느님은 하늘에서 들려오는 소리, 실제로는 "이는 내 사랑하는 아들, 내 마음에 드는 아들이니 너희는 그의 말을 들어라"(마태 17:5)라는 말로 베드로를 바로잡아 준다.

어리석은 베드로와 나머지 사람들은 "오직 예수만"을 볼 정도로 어떻게 현명하게 처신했는가? 매우 단순했다. 그들은 "그의 말을 들어라"라고 하느님이 명령하는 소리가 들려오자 복종했다. "이 소리를 듣고 제자들은 너무도 두려워서 땅에 엎드렸다."(마태 17:6) (우리는 이와 같은 가장 기초적인 종교적 감정이 우리의 교사에게는 원시적으로, 우리의 학생들에게는 이해할 수 없는 것으로 파악되는 극히 두려운 가난한 시대에 살고 있다.) 제자들은 복종함으로써 경외를 체험했고, 경외를 체험함으로써만 예수가 올 수 있었고 그들에게 손을 대고 말할 수 있었다. "두려워하지 말아라." 두려움은 "두려워하지 않음"의 전제 조건이다. 다시 말해서, "야훼를 두려워하여 섬기는 것이 지혜의 근본이요, 거룩하신 이를 깊이 아는 것이 슬기다." (잠언 9:10) 이것은 도덕적 지혜요 거룩의 지혜이다.(욥 28:28)

통상적으로 우리는 지혜가 먼저 오고 거룩함으로 인도된다고 생각한다. 그러나 그와는 정반대이다. 우리는 먼저 보아야 하고 그 후에 행동해야 한다고 생각한다. 그러나 그와는 정반대이다. 우리는 마음이 먼저이고 그 후에 의지가 온다고 생각한다. 그러나 그와는 정반대이다. 우리는 유대 사람 대신에 그리스 사람이다. 유대 사람은 사정이 정반대라는 것을 알았다. 말하자면 도덕적 복종이 먼저 오고 복종한 후에 우리의 시야가 분명해진다. 복종의 문을 열어 주는 의지만이 우리에게 지혜에 열린 눈을 제공할 수 있다. 따라서 예수는 다음과 같이 말한다. "하느님의 뜻을 실천하려는 사람이면 이것이 하느님으로부터 나온 가르침인지 또는 내 생각에서 나온 가르침인지를 알 것이다." (요한 7:17)

이리하여 제자들의 시야는 그들의 복종으로 분명해졌다. 분명해진 것은 무엇인가? 그것은 그저, "그들이 눈을 들어서 보니, 예수밖에는 아무도 없었다"라는 것이다. 그것이 지혜이다. 즉 "오직 예수만"을 보는 것이다. "오직 예수만"을 보는 이러한 본원적인 지혜를 얻는 유일한 길은 주를 경외하는 시원적 지혜와 그의 소리를 듣고 따르는 복종과 함께 시작하는 데 있다.

"오직 예수만"을 본다는 것은 무엇을 의미하는가? 여기서 "오직"은 배타적 "오직"이 아니라 포괄적 "오직"이다. 그것은 만물 밖에 있는 예수가 아니라 만물 안에 있는 예수이다. 만물을 배제하는 예수가 아니라 만물을 포함하는 예수이다. 왜냐하면 자연을 파괴하는 은혜라기보다는 "자연을 완성하는 은혜"이기 때문이다. 하느님은 자신의 자녀들에게 능력을 주신다. 이것은 능력 있는 아버지가 기꺼이 자신을 작게 보이게 해서 자기 자녀들을 크게 보일 수 있도록 하는 것과 같다. 그는 자녀들과 맞서지 않는다. 맞서게 되면 능력이 작은 아버지가 크게 보이게 되어 마침내 자기 자녀들이 작게 보이게 되는 것이 되기 때문이다. 하느님은 우리를 작게 만들지 않고 "크게 되게" 만든다.

은혜가 자연을 완성하는 궁극적 이유는 하느님이 사랑이라는 것이다. 사랑은 해치거나 맞서거나 파괴하거나 제거하지 않는다. 예수는 모세, 엘리야, 베드로, 유대교를 제거하지 않는다. ("내가 율법이나 예언서의 말씀을 없애러 온 줄로 생각하지 마라. 없애러 온 것이 아니라 오히려 완성하러 왔다." — 마태 5:17) 이 원리의 최고 구체적 증거가 바로 그리스도 자신이다. 그리스도 안에서 신성(은혜)은 완전하게 인성(자연)을 완성한다.

그러나 그는 어떤 것, 즉 죄를 파괴하러 온다. 그는 생명의 주이고, 따라서 생명의 적의 적, 단적으로 말해 죄의 원수이다. 그는 죽이는 것을 죽이고, 또 그래서 죽일 필요가 있는 것을 죽인다. 우리는 모두 생명의 어떤 원수, 우리 생명의 어떤 원수와, 어떤 습관적인 죄, 그리고 심지어 죄로 귀착할 것이라고 또는 충만한 삶을 방해할 것이라고 그가 보고 있는 어떤 무죄한 것조차도 마음에 품고 있으며, 또 이것이 소중하다는 것을 안다. 우리가 누리는 안락과 보험증서와 지상의 행복, 생물학적 생명도 그런 것들이다. 이것들은 우리의 주위에 구각을 형성하고 하느님의 영접을 어렵게 하며 이러한 몹쓸 생명 때문에 결국은 생명과 기쁨의 충만함을 받아들이기가 어렵게 된다. 그래서 신의 정원사는 가지를 쳐 내고 더 크게 성장하도록 몹쓸 생명을 죽인다.

그는 자연의 일부인 몹쓸 생명을 죽이기 때문에 그의 은혜는 자연을 완성하지 않고 파괴하는 것처럼 보이기도 한다. 그러나 그것은 자연을 완성하는 것이다. 왜냐하면 죽음의 결과는 더 큰 생명이기 때문이다. 가지치기를 한 가지는 정원사의 좋은 의도를 의심하기 마련이다. 그러나 가지가 신앙 면에서 가지치기를 하도록 허락하면 다음 해에는 정원사를 신뢰하는 것이 왜 옳은가를 알게 될 것이다. "보는 것이 믿는 것"이라는 것이 사실이 아니라 "믿는 것이 보는 것"이라는 것이 사실이다. 예수가 나자로의 무덤에서 말한 대로, "네가 믿기만 하면 하느님의 영광을 보게 되리라고 내가 말하지 않았느냐?" (요한 11:40)

물론 우리는 그와는 달라서 시작에서 끝을 볼 수 없다. 우리는 그의 가지치기로 완성될 완전한 식물을 볼 수 없다. 또는 우리는 정원사를 볼 수 없다. "일찍이 하느님을 본 사람은 없다."(요한 1:18) "그러나 우리는 예수를 본다."(히브 2:9) 우리는 "오직 예수만"을 본다.(마태 17:8) 우리가 눈을 그에게서 떼면 우리는 아이스크림을 넣은 콘에서 아이스크림 덩어리가 땅바닥에 떨어지는 것만을 보고 곧장 다시는 구속(救贖)될 수 없는 비극처럼 성이 나서 울부짖는 아이와 같게 된다. 그 아이는 눈을 그 아이스크림에서 떼어야 하고 그에게 그것을 준 아빠에게 다시 신뢰를 보내면서 바라보아야 한다.

이것 즉 예수를 보는 것이야말로 우리가 할 수 있는 최선의 일이다. 이것을 마리아는 했고 마르타는 하지 않았다. 우리가 크든 작든 세계무역센터가 무너지거나 아이스크림이 땅에 떨어지거나 간에 실제로 필요한 것 또는 겉으로 필요한 것 때문에 도움을 구하려고 그를 볼 때, 그가 우리에게 말해 주는 것은 욥에게 말했던 것이다. "나를 믿어라. 너 자신을 알고 나를 알라. 나는 '온갖 훌륭한 은혜와 모든 완전한 선물' 을 주는 아버지이다.(야고 1:17) 너는 나의 계획을 이해할 수 없는 자녀일 뿐이다. 너의 지혜는 신뢰이고 나의 지혜는 섭리이다. 왜냐하면 너는 너고 나는 나이기 때문이다. 나는 인간이 아니고 너는 신이 아니다. 이 기초적인 사실을 기억하는 것이 너에게는 어찌하여 그렇게도 어렵느냐? 네가 기억해야 할 것을 들려주마. '내가 땅의 기초를 놓을 때 너는 어디에 있었느냐?' "(욥 38:4)

첫째 교훈이 바로 이것이다. 즉 우리는 모른다는 것이다. 우리가 이것을 모른다면 다른 어떤 것도 모른다. 하느님이 이 교훈을 욥에게 가르쳤고 소크라테스에게도 가르쳤다.

이제 예수는 둘째 교훈을 우리에게 가르친다. 이것은 "내가 땅의 기초를 놓을 때 너는 어디에 있었느냐"라는 첫째 질문에 대한 대답이다. 그는 이렇게 말한다. "나는 네가 어디에 있었는지를 말해 줄 것이다. 너는 나의 시야의 중심에 있었고 나의 마음의 중앙에 있었다. 나는 너를 위해, 또 나의 최고 영광이자 기쁨인 너의 최고선과 기쁨을 위해 우주를 계획했다. 나의 최고 기쁨은 너이고 너의 최고 기쁨은 나다. 너의 기쁨은 나의 대폭발(Big Bang) 발생의 목적 자체이다. 너는 내가 영혼 대신에 별들을 돌아보았다고 생각하느냐? 너는 내가 마음이 뜨거운 것보다 수소가 타는 것, 작은 사랑보다 초신성(超新星) 대폭발 활동에서 더 영광을 얻으리라고 생각하느냐?"

"너는 단순하지가 않아서 너의 삶을 이해하지 못한다. 너에게 삶의 의미는 바로 나이고 나에게 삶의 의미는 바로 너이다. 사랑받는 자는 항상 사랑하는 자의 시야 중심에 있다. 이것이 사랑이 의미하는 것이다. 나는 너를 위해 수십억 년을 기다렸고 그 사이에 은하계는 냉각되었다. 이 세월은 나의 사랑 때문에 나에게 아무것도 아니었다. 나는 라헬을 기다린 야곱과 같았다. "야곱은 라헬에게 장가들 생각으로 일을 했다. 칠 년이라는 세월도 며칠밖에 안 되듯 지나갔다. 그만큼 그는 라헬을 좋아했던 것이다."(창세 29:20) 바로 이것이 나에게 '천년도 지나간 어제와 같은' (시편 90:4) 이유이다. 나는 사랑이기 때문이다."

"나와 같아라. 사랑이어라! 다른 모든 사물을 사랑에 따라, 너에게 보내는 나의 러브 레터로 보라. 사물을 있는 그대로 보라. 다시 말해서 우주 만물과 인생 만사를 두 연인, 즉 너와 나 사이에 있는 야곱의 사다리, 고속도로로 보라. 네가 이것을 본다면 네가 두려워하는 풍랑과 네가 겪는 욥 같은 고통은 땅에 떨어져서 녹아 없어지는 아이스크림처럼 보일 것이다. 높은 수준이라면 너는 그것들을 나의 십자가로 볼 것이다. 그것이 나의 십자가이므로 너는 그것을 사랑과 생명의 십자가로 볼 것이다. 네가 겪는 바로 그 고통은 변화산과 같게 될 것이다. 나에 대한 신앙의 프리즘과 나의 사랑의 상처의 힘을 통해서 너의 상처는 나의 해 같은 빛을 반사할 것이고 정금(正金)과 영광으로 바뀔 것이다. 나 예수는 너의 미다스(Midas)의 손길이다."

우리는 "하나님은 사랑이시다"(요한 I서 4:8)라는 복음을 믿었고 "하느님을 사랑하는 사람들 곧 하느님의 계획에 따라 부르심을 받은 사람들에게는 모든 일이 서로 작용해서 좋은 결과를 이룬다"(로마 8:28)라는 것을 믿었다고 생각한다. 그리고 우리는 진정 믿었다. 그러나 우리의 믿음은 주로 뉴먼(Newman)이 말한 소위 "실재적 동의"라기보다는 "개념적 동의"이다. 이것은 실재에 대한 동의라기보다는 관념의 진리에 대한 동의이다. 그리스도의 진리에 대해 전적으로 동의한다고 말하는 것은 쉽다. 그렇게 하는 것이 그리스도인이 되는 길이다. 그러나 그리스도에게 전적으로 동의한다고 말하는 것은 어렵다. 그렇게 하는 것은 성인(聖人)이 되는 길이다.

우리의 신앙은 사실이고 귀중하며 돈으로 살 수 없다. 하지만 그 무게는 충분하다고 할 정도로 무겁지 않다. 그것은 아름다운 금색 구름 같다. 삶이 우리에게 무거운 짐을 지우면 그것은 구름을 통과하여 포탄처럼 떨어질 것이다. 왜냐하면 그것은 어떤 구름보다도 더 무겁기 때문이다. 금색 구름일지라도 말이다. 우리의 신앙은 구름 이상이 되어야 한다. 그것은 물(thing)이 되어야 하고, 어떤 짐보다 더 실재적이고 견고하고 실체적인 물이 되어야 한다. 그것은 "오직 예수만"으로 될 수 있을 뿐이다. 그것은 "예수라면", "예수, 그리고", "예수, 그러나"로 될 수 없다. 그리스도 안에는 "라면", "그리고", "그러나"라고 하는 것은 결코 없다.(고린 II서 1:18-20)

2. 율법주의 극복

오늘날 아무도 율법주의를 옹호하지 않는다. 하지만 피해가는 사람은 극소수이다.

피해가는 유일한 길은 진리, 율법에 관한 진리이다. 이 진리는 율법의 목적이 그리스도로 인도하는 것이라는 것이다. ("율법은 그리스도께서 오실 때까지 우리의 후견인 구실을 하였습니다." — 갈라 3:24)

율법은 좋은 것이다.(로마 7:12) 도덕적 명석함과 선과 악의 규정을 위해서 그것은 우리에게 필요하다. 이것은 도덕법이나 시민법이나 모두 사실이다. 범법자는 시민법을 걱정하는 반면, 모든 사람은 도덕법을 걱정한다. 시민법을 어기는 사람은 소수지만 도덕법은 모든 사람이 위반한다.

우리는 많은 도덕법이 여러 번 침해되는 것을 걱정한다. 왜냐하면 우리는 신형 범죄를 매우 잘 창안하고 묵은 죄들을 반복하는 데 대해 새로운 구실을 매우 잘 고안한다는 것을 알기 때문이다. 그리스도는 우리의 모든 죄에 대한 유일한 해결책이다. 죄는 많고 법은 많으나 그리스도는 하나이다.

우리의 내적 도덕 생활은 복잡해 보인다. 많은 법과 유혹과 죄들이 있다. 우리의 외적 사회생활도 역시 복잡하고 그 복잡성은 점증하고 있고 어떤 때는 파괴적이기도 하다. 우리가 분주하게 생활하는 이유가 그 때문이다. 우리는 불가능한 것을 행하려고 시도하는 중이다. 우리는 모든 것을 해 보려고 한다. 아마도 시간적 우상에 영향을 받지 않을 정도의 정상 생활을 유지하면서 해방과 여가와 자유의 삶을 여전히 누리는 사람들이 어딘가에 있을지도 모른다. 그러나 나는 아직 만나 보지 못했다. 심신으로나 안팎으로나 우리의 걱정과 관심은 많이 복잡하다. 우리가 복잡하게 외부 일을 걱정하는 것은 우리가 복잡하게 내부 일을 걱정하기 때문이다. 이것은 내부에 분쟁이 있기 때문에 외부에 분쟁이 있는 것과 같다.(야고 4:1-3) 단순성이

해방일 수 있겠지만 현실적일 수 없을 정도로 아주 저 멀리에 있다.

우리가 정신적이고 육체적인 복잡성과 율법주의로부터 자유롭게 해 주는 그리스도의 급진적 해방의 말을 들을 때까지는 단순성은 비현실적인 것으로 남을 것이다. 예수는 마르타에게 해방의 말을 들려주었다. (마르타는 우리이다.) "마르타, 마르타, 너는 많은 일에 다 마음을 쓰며 걱정하지만 실상 필요한 것은 한 가지뿐이다."(루가 10:41-42)

오, 복음! 희망 너머에 있는 좋은 소식! 정상 회복과 거룩함을 위한 성공 비결! 정신 의학을 대신하는 달콤한 대체물! 그것은 사실인가? 이 필요한 "하나뿐인 것"은 도대체 무엇일 수 있단 말인가?

그리스도는 우리에게 답을 알려 주지 않는다. 다만 그는 우리에게 답을 보여 준다. "마리아는 좋은 몫을 택하였다." 마리아는 무엇을 택했는가? 예수 자신이다. 예수만 택했다. 마리아는 예수의 발치에 앉기 위해 다른 모든 것을 포기했다. 이 "필요한 하나뿐인 것"은 예수 자신이다. 그는 모든 율법과 예언자들이 약속한 메시아이고 우리 모두와 우리의 모든 필요에 대해서 행하는 약속이다.

특별히 우리의 도덕적 필요에 대해서 그러하다. 그리스도인에게, 다만 도덕적 삶은 그의 몸, 즉 그의 교회의 지체, 즉 그의 사람을 통해 살고 있는 그리스도 자신이다. 도덕법은 다만 그 삶을 기술하고 처방할 뿐이다. 그리스도가 그것이고 그것을 준다. 그는 그가 무엇인지, 즉 그의 본질을 준다. 그는 그 자신을 준다.

* * * * *

그는 그것을 특별히 성찬(Eucharist)에서 준다. 성찬은 그의 몸이고 교회이다. 성찬은 단순한 그리스도의 상징 또는 그림이 아니라 그리스도 자신이다. 그래서 그리스도인의 도덕적 삶 즉 그리스도의 교회의 도덕적 삶은 단순한 그리스도의 그림이 아니라 죄짓는 아둔한 어리석은 사람에게 활동하는 그리스도의 실재적 현존이다.

성찬 속에 감춰진 그의 현존과 그의 백성 안에 감춰진 그의 현존 사이의 차이는 성찬이 두 본성을 가지고 있지 않다는 것이다. 성찬은 완전하다. 성찬은 100퍼센트 그리스도이고 0퍼센트 빵과 포도주이다. 반면 우리는 혼합되어 있고 불완전하다. 우리는 99퍼센트 아담이고 1퍼센트 그리스도이다. 그러므로 우리는 그의 불완전한 사람을 예배하는 것이 아니라 성찬을 예배한다. 성찬에서 그리스도가 아닌 것처럼 보이는 것은 그리스도이지만, 타락한 죄의 인산성에서 그리스도가 아닌 것처럼 보이는 것은 실제로 그리스도가 아니다. 성찬의 빵은 실체적으로 변화하는(transubstantiated) 반면, 우리는 실체적으로 병존한다(consubstantiated). 루터의 성찬 신학은 옳다. 하지만 그것은 우리에 대해서이고 성찬에 대해서는 아니다. ("실체병존설"은 그리스도와 빵 및 포도주가 봉헌 후에 실제로 다같이 성찬에 현존한다는 믿음을 의미한다.)

그러나 작고 불완전하지만 우리 안에 있는 그리스도의 현존은 실재적이다. 왜냐하면 그리스도인이라는 것은 그리스도의 실재적 몸에 실재적으로 통합되는 것을 뜻하기 때문이다. 그것은 살아 있다! 그것은 몸(corpus)이지 사체(corpse)가 아니다. 이것 즉 그리스도와 그의 몸이 도덕성의 모든 요체이다. 집의 모든 요체가 생활이고 의학의 모든 요체가 치유이며 과학의 모든 요체가 지식인 것처럼, 종교의 모든 요체는 작은 그리스도가 되는 것, 그리스도의 신부(新婦)가 되는 것, 교회가 되는 것, 그의 몸이 되는 것, 몸과 영이 그와 하나가 되는 것에 있다. (동일한 내용을 얼마나 다양한 방식으로 표현할 수 있는지!) 그리스도는 도덕성을 세상에서 율법주의로부터 가장 멀리 있는 것, 즉 주님과의 연애, 결혼, 사랑의 정사로 바꾸어 놓는다. 우리가 어떻게 도덕성을 우둔하며 비인간화하며 억압적으로 속박하는 것으로 생각할 수 있었단 말인가? 우리가 그 요체, 즉 그를 몰랐기 때문일 뿐이다.

* * * * *

이 둘째 논점(율법주의 극복)은 첫째 논점(인격주의)의 직접적 결과이다. 기독교 인격주의가 의미하는 것은 인격이 중요하고 내재적으로 귀중한 가치라는 사상 이상의 것이고, 인격이 원칙을 위한 것이라기보다는 원칙이 인격을 위한 것이라는 사상 이상의 것이며, 우리는 도덕적으로 사고하고 선택하고 행동하는 인격의 대상보다는 도덕적 선택과 행동을 하고 있는 인격 주체를 보아야 한다는 사상

이상의 것이다. 그것은 역시 그와 같은 모든 것을 의미한다. 하지만 당신이 이 모든 것을 알기 위해 그리스도인이어야 하는 것은 아니다. 기독교 인격주의는 무엇보다도, 그리스도인의 사고 · 선택 · 행동의 궁극적 대상이 인격 즉 그리스도라는 것을 의미한다. "세상의 삶은 곧 지나갈 것이나 그리스도를 위해 행한 것은 영원할 것이다." 나의 할머니는 이 경구를 십자수로 새겨서 주방 벽에 붙여 나의 정신과 마음에도 새기게 하였다. 이 기회에 할머니께 감사드린다. 내가 그 십자수를 처음 본 지 60년이 지났지만 아직도 잊지 않고 있다.

예수는 도덕적 삶을 단 두 단어로 요약한다. "나를 따라 오너라." (요한 1:43) 다른 모든 위대한 도덕 교사들, 즉 모세, 부처, 공자, 노자, 소크라테스, 무함마드는 이렇게 말했다. "나의 가르침을 따르라." 그러나 예수는 달리 말했다. "나를 따라 오너라." 그들은 말했다. "나는 길을 가르친다." 그러나 예수는 말했다. "나는 길이다." 부처는 말했다. "나를 보지 말고 나의 다르마(dharma, 교리)를 보라." 그리스도는 말했다. "나에게로 오너라."(마태 11:28) 부처는 말했다. "당신의 등불을 비춰라." 그리스도는 말했다. "나는 세상의 빛이다."(요한 8:12)

철학자들은 지혜를 추구한다. 그리스도가 지혜이다.(고린 I서 1:30) 그러므로 그리스도는 철학의 성취이다.

도덕가들은 의를 추구한다. 그리스도가 의이다.(고린 I서 1:30) 그러므로 그리스도는 도덕성의 성취이다.

"나의 가르침을 따르라"와 "나를 따라 오너라" 사이의 차이는 도로 지도를 따르는 것과 자동차를 따르는 것 사이의 차이와 같다. 그리스도인이 되는 것은 지도의 방향 안내의 세목(細目)을 얻는 것을 걱정하는 것이 아니다. 그것은 고속 차량을 추격하는 것이다. "나를 따라 오너라."

추격이 끝나서 그를 발견하면 우리는 그가 우리들 추격해 왔던 "천국의 사냥개"(hound)라는 것을 발견한다. 우리가 그를 추격한 것이 아니라, 그가 오래전부터 우리를 추격해 왔다는 사실을 발견한다. 사실상, 우리가 그를 추구하는 것은 그가 우리를 추구한 결과였다. 찬송가의 가사로 표현하면,

나는 주를 찾았네. 그 후에 나는 알았네.
그가 나의 영혼에 감동을 주어
그를 찾게 하였네.
그가 나를 찾고 있었네.
발견한 것은 내가 아니라 신실한 주님이셨네.
바로 그분이 나를 발견하였네.

* * * * *

그리스도는 도덕성의 유일한 초석이다. 그리스도의 이름을 영접하지 않는 무죄 행위 또는 그리스도의 이름을 영접하는 유죄 행위를

발견하는 것은 가능하지 않다. 그러나 그는 초석 이상이다. 그는 우리가 추구하는 목표이고 선이고 "삶의 의미"이고 최고선이고 목적이며 "필요한 하나뿐인 것"이다. 우리의 머리는 어떻게 할지 모르지만 우리의 가슴은 우리의 궁극적 선에 농락될 수 없다. 우리는 다른 어떤 것도 충분하지 않다는 것, 우리의 삶에서 왕의 자리에 도전하는 어느 누구도 왕이 아니라는 것을 안다. 그리고 모를 수도 있다. 우리의 가슴은 그들이 그 안에서 안식할 때까지는 참으로 안식이 없다.

우리는 "거룩한 불만", "연인의 세상과의 쟁투", 알 수 없는 그 무엇에 대한 신비로운 갈망을 가지고 있다. 이러한 갈망은 우리의 마음 깊은 곳에 있어 무한히 멀리 있으면서도 무한히 가까이 있는 듯하여, 잘 들리지 않는 새소리의 애끓는 아름다운 소리처럼 느껴진다. 그것은 베들레헴의 별, 즉 천체를 끊임없이 돌아다니다가 참된 그리스도의 구유 위에서 멈추는 손가락과 같다.

이렇듯 우리의 가장 깊은 갈망이 신의 영광에 대한 것이라는 사실이야말로 우리의 지고한 영광이다. 비록 하느님의 영광이 파악할 수 없고 획득할 수 없으며 상상할 수도 없고 표현할 수 없고 그리고 규정할 수 없으며 무한하며 불가능한 것이라고 할지라도 말이다. 이렇듯 우리가 획득할 수 없는 영광을 갈망한다는 사실이야말로 역시 우리의 지고한 실패이다. 삶은 이처럼 우리가 가장 원하는 단 한 가지를 가장 적게 가질 수 있기에 공안(公案)이다. 한편으로 우리가 원하는 영광스러운 일이 신의 영광 외에 다른 것이 아니라는 것과, 다른 한편으로 "모든 사람이 하느님이 주셨던 본래의 영광스러운 모습을 잃어버렸다"(로마 3:23)라는 것이야말로 삶의 공안이다. 목적 즉 하느님은 수단 즉 모든 인간의 노력을 무한히 초월한다.

그러고 나서 우리는 "그 이야기의 나머지" 즉 하느님이 불가능한 것을 했다는 복음을 듣는다. 왜냐하면 "하느님께서는 무슨 일이든 하실 수 있다"(마태 19:26)는 것 때문이다. 하느님이 천국에서 사다리를 내려보내 우리가 그에게 올라갈 수 있도록 했다(요한 1:51; 창세 28:12)는 것은 복음이다. 우리는 하느님의 영광에 미치지 못했으나 하느님의 영광이 우리에게로 내려왔다.

우리가 미치지 못한 "하느님의 영광"은 무엇인가? 그것은 그리스도이다. 그리스도는 하느님의 영광, 최고 영광이다. "하느님께서는 당신의 완전한 본질을 그리스도에게 기꺼이 주셨다."(골로 1:19) 제2차 바티칸 공의회 문서는 명시적으로 다음과 같이 단순하게 등식화했다. "하느님의 영광은 예수 그리스도이다."

3. 상대주의 논박

그리스도가 도덕적 삶에서 실재적으로 현존한다는 것에 의해서 도덕성은 율법주의와 상대주의로부터 해방된다. 이 둘은 서로 반대되는 오류이다. 율법주의는 인격을 원칙에 희생시키고, 반면 상대주의는 인격을 위해 원칙을 희생시킨다. 그러나 그리스도는 어떤 원칙보다도 절대적이다. 그것이 그리스도이고 도덕적 상대주의를 논박하는 것은 비인격적 율법주의라기보다는 이런 인격적 절대자이다.

도덕적 상대주의는 우리의 부패한 문화에서 "정치적으로 올바른" 정통이다. 마음-주형자의 마음에서 "불관용"보다 악한 것은 없다. 도덕적 절대주의는 불관용적이다. "너의 가치를 나에게 전가하지 마라", "다른 사람에게는 다른 법을", "사는 대로 살게 두라"와 같은 말들이 대중화된다.

역사적으로 어떠한 문화도 도덕적 상대주의를 받아들이지 않았고 또 살아남아 존재한 적도 없었다. 따라서 우리 자신의 문화는 (1) 그러한 최초의 문화일 것이고, 역사의 가장 분명한 교훈을 그릇된 것으로 증명하는 셈이다. 또는 (2) 도덕적 상대주의를 지속하다가 죽을 것이다. 또는 (3) 그 상대주의를 회개하고 살아갈 것이다. 그 외의 다른 선택지는 없다.

최악의 역사적 시기에 가장 위대한 사람은 우리의 문화를 "죽음의 문화"라고 불렀다. 그것은 케보키안(J. Kevorkian) "의사" 같은 "자비로운 살인자"에 시나브로 공감하는 문화이다. 왜냐하면 문화 자체가 자기 자신을 안락사하고 있는 과정에 있기 때문이다. 그것은 낙태를 관용한다. 왜냐하면 그것은 자기 자신을 낙태하고 있기 때문이다. 그러므로 그것은 상대주의를 논박하는 좋은 철학적 논증보다는 한층 더 심층적인 요법을 필요로 한다. 이들 철학적 논증은 다만 투시 광선일 뿐이고 우리는 치유를 필요로 한다. 투시 광선은 징후의 관찰, 질병의 결과를 제공할 뿐이고 우리는 치유를 위한 처방전을 쓸 수 있기 전에 징후를 일으키는 질병을 진단할 필요가 있다. 우리 문화의 질병의 뿌리가 되는 원인을 가장 깊이 진단해 보면 한마디로 말해서, 그리스도가 없다는 것이다. 더 나쁘게는, 그리스도 공포증(Christophobia)이다.

도덕적 상대주의에 대한 가상 강력한 답은 완전한 논증이 아니라 완전한 인격 즉 그리스도이다. 왜냐하면 그것은 구체적 증거, 실재적 자료, 실재적 현존이기 때문이다. 그를 만나면 상대주의는 즉시로 햇빛을 쏘인 뱀파이어처럼 오그라들어 못쓰게 될 것이다. 가장 반박할 수 없는 논증은 항상 사실, 자료, 구체적 실재이다. 예를 들면 낙태 반대를 위한 가장 효과적인 논증은 그저 낙태를 보는 것이다. 이것이 미국에서 가장 흔한 수술인데도 어떤 TV나 영화 스크린에서도 보인 적이 없는 유일한 수술인 이유이다.

사람들을 가장 잘 납득하게 만드는 두 가지는 사실과 인격이다. 그리스도가 그 두 가지이다.

우리의 문화는 기독교의 도덕성을 거부한다. 왜냐하면 그것은 그리스도를 거부하기 때문이다 그것은 도덕성을 한 영역에서는 도움을 주는 것으로 생각하나, 다른 영역 즉 성 분야에서는 기쁨이 없는 것, 억압을 주는 것으로 생각한다. 그것은 도덕성이 성적이라는 사실을 모른다. 도덕성은 영원 속에서 이루어지는 우리의 망아적 완성을 위해 지상에서 영적으로 미리 대비하고 영적으로 구애하고 영적으로 결혼을 준비하는 것이다. 우리의 문화는 도덕성의 취지가 궁극적으로 자기를 수여하고 자기를 망각하는 사랑의 끝없고 한계 없는 상상할 수 없는 망아성이라고 하는 그리스도 안에서 부부로서 하느님과의 연합이라는 것을 모른다. 이것이 우리의 문화가 도덕성이라는 말로 의미하는 것과 같은 것으로 들리는가? 아니라면 어째서인가? 왜냐하면 그것은 그리스도를 모르기 때문이다. 이것은 우리의 문화가 도덕성을 인간 규칙으로, 말하자면 공항의 수화물 검사처럼 필요하지만 기쁨은 없는 것으로 생각하는 이유이다. 그것은 필요선이 필요악이라고 생각한다. 우리의 문화에서 도덕적 삶의 이미지는 비자유의 이미지이다. 말하자면 일렬로 엄하게 행진하는 이미지, 그은 선 밖으로 색칠하면 안 된다는 이미지, 심지어 출입을 통제하는 감옥의 차단봉 같은 이미지이다.

그리스도를 알았다면 도덕성이 얕은 물에 있는 작은 민물고기처럼 초보자를 위해 제공되는 항해 수업과 많이 닮아 있다는 것을 알았을 것이다. 그런데 이 얕은 여울은 우리가 항해하기로 되어 있는 동일한 물, 동일한 거룩한 환경으로서, 우리의 돛인 성령의 바람 그리고 키를 지휘하는 하느님의 마음과 함께 큰 배를 타고 거칠고 자유롭게 영원히 항해하기로 되어 있는 곳이다. 왜냐하면 우리의 운명은 하느님 자신의 거대한 심층을 항해하는 것이고, 이것이 더 이상 불가능하지 않은 이유는 하느님 자신이 인간이 되었기 때문이고 우리의 배를 탔기 때문이다. 절대자 자신이 배 안에서 바로 당신 옆에 있는데 도덕적 상대주의자로 존재하는 것은 당신 앞에 서 있는 진리 그 자신에게 "진리가 무엇인가?"라고 냉소적으로 묻고는 그의 살인을 인가(認可)하는 정도로 진리 회의주의자로 존재하는 것만큼 어리석은 일이다.

4. 도덕적 성공의 비결

우리는 선을 안다. 하지만 그것을 행하지 않는다. C. S. 루이스는 이 두 주요 사실을 인정하지 않고 삶을 분명하게 사고하는 것은 전혀 불가능하다고 정말 올바르게 말했다. (C. S. 루이스, 『순전한 기독교 *Mere Christianity*』 제1장 끝 부분을 참조하라.) 우리는 선을 알 수 없기 때문에 그것을 안다. 하느님은 우리의 양심을 계속적으로 교화한다. 하지만 우리는 성인(聖人)이 아니기 때문에 그것을 행하지 않는다. 우리는 해야겠다고 생각하는 일은 하지 않고 도리어 해서는 안 되겠다고 생각하는 일을 하고 있다.(로마 7:15) 우리는 도덕 불능자이다. 우리는 도덕적 앎은 가지고 있지만 도덕적 능력은 없다.

그리스도의 실재적 현존이라는 황금 열쇠가 이 문을 풀어 준다. 그리스도는 우리에게 도덕성에 대한 가장 심오한 이해뿐만 아니라 실천할 수 있는 능력도 제공한다. 그는 우리에게 그 자신을 주는 가운데 그 둘을 모두 실행한다.

제2차 바티칸 공의회 문서에서 나오는 도덕성에 관한 첫말은 다음과 같다. "그리스도인들이여, 당신의 존엄성을 인식하라. 당신은 하느님의 성품에 참여하고 있으므로 죄를 범함으로써 옛 상태로 돌아가서는 안 된다. 당신의 머리는 누구이며 당신은 누구 몸의 지체인지를 기억하라." 도덕적 성공의 비결은 그저 그리스도의 실재적 현존을 실천하는 것, 즉 "너 자신을 아는 것"에 다름 아니다. 그리스도는 우리의 도덕적 권위일 뿐만 아니라 우리의 도덕적 동일성이다. 우리는 그의 조직의 일원만은 아니다. 우리는 그의 유기체, 즉 그의 몸의 지체이다. "지체"는 "기관"을 의미한다.

바울로가 고린토 교회 성도들에게 성적 부도덕이 그리스도인에게 무엇을 의미하는지를 알려 줄 때 그 말("지체")을 문자적으로 어떤 의미로 의도하는지를 보라. "그리스도의 몸의 한 부분을 떼어서 창녀의 몸의 지체로 만들어서야 되겠습니까?"(고린 I서 6:15)

우리가 우리의 형제들에게 무엇을 하든 간에 우리는 그리스도에게 하는 셈이고, 따라서 우리는 우리 자신을 가지고 하는 것이 무엇이든 간에 그것은 우리가 그리스도를 가지고 하는 바로 그것이다. 왜냐하면 그들과 마찬가지로 우리는 그의 지체이기 때문이다.

그의 가르침에 대해 생각하고 그것을 실천하려고 노력하는 것은 어려운 시험에서 A학점을 받으려고 생각하고 모든 문제에 바른 대답을 하려고 노력하는 것과 같다. 그러나 그의 현존을 실천하는 것은 그가 당신과 함께 시험을 치면서 당신 바로 옆에 앉아 있다고 인정하는 것과 같다. 그의 현존과 죄의 관계는 빛과 어둠의 관계, 태양과 벌레와의 관계, 십자가와 뱀파이어의 관계와 같다.

근소하게라도 이것에 비교될 수 있는 것은 이 세속적 도덕성에는 전혀 없다. 그리스도인과 세속주의자는 자기 존중이 선한 도덕적 행동의 원인이라는 것에 동의한다. 왜냐하면 우리는 우리 자신이 지각한 동일성을 행동으로 옮기기 때문이다. 그러나 어떠한 세속주의자도 자기 존중의 가장 커다란 이유, 다시 말해서 그의 은혜에 의해서 우리가 그의 것일 뿐만 아니라 그이기도 하다는 놀라운 사실을 전혀 모른다. (베드로 II서 1장 4절을 기억하라.)

도덕가와 철학자들은 선하게 존재하는 것이 선하다는 것을 우리에게 납득시킬 수 있지만, 그들이 우리를 선하게 만들 수 있는 것은 아니다. 심리학자는 우리의 죄책감을 제거할 수 있지만, 그들이 우리의 죄를 제거할 수 있는 것은 아니다.

하지만 죄인들이 성인(聖人)이 되는 것은 사실이다. 이런 일이 일어난다. 어떤 사람들은 도덕적 무능을 극복한다. 성인(聖人)이 되는 일이 일어난다. 성인(聖人)들은 항상 동일 원료, 즉 죄인들로부터 만들어진다. 다른 원료는 전혀 없다. 성 바울로, 성 아우구스티누스, 성 프란체스코, 성 이그니티우스를 보라. 그들은 각각 완고한 박해자, 성 중독 플레이보이, 부자 멋쟁이, 전문 킬러였다. 그들이 모두 위대한 성인(聖人)이 된다. 이것이 어떻게 일어날 수 있는가? 그 작용인은 무엇인가? 그들에게 물어보라. 그들은 모두 당신에게 동일한 대답, 즉 황금 열쇠, 예수 그리스도라고 답할 것이다.

* * * * *

모든 사람은 성인(聖人)이 하느님과 인간을 크게 사랑하는 사람이라고 알고 있다. 그리고 모든 사람은 사랑이 세상에서 가장 위대한 일이라고 알고 있다. 그러나 모든 사람이 이것이 어떤 종류의 사랑이며 어디서 얻을 수 있는지를 아는 것은 아니다. 이 두 문제에 대한 답은 그리스도이다.

무엇보다도, 사랑은 그리스도에 의해 정의된다. 고린토 I서 13장은 성경에서 가장 유명한 사랑에 관한 장인데, 그것은 바로 그리스도의 정의이다. 하지만 그것은 가능성 또는 이상인 것만이 아니라 현실성이다. 복음은 그리스도를 "보여 주고 말하는 것"이다. 왜냐하면 그리스도는 사랑이 무엇인가를 말해 주는 것만이 아니라, 사랑이 무엇인가를 보여 주기 때문이다. 십자가는 사랑의 "조작적 정의"(operative definition)이다. 그것은 완전한 사랑이 타락한 세계를 만날 때 일어나는 것이다. 그것은 우연히 일어나는 사고가 아니었다.

둘째, 그리스도는 사랑의 본질일 뿐만 아니라 또한 사랑을 얻기 위해 가야 하는 장소이다. 우리는 악어를 잡으려면 악어가 있는 곳으로 가야 한다. 햇볕에 그을리려면 햇빛이 있는 곳으로 들어가야 한다. 그의 사랑의 빛을 쬐려면 그의 빛이 있는 곳으로 들어가야 한다. 그것뿐이다. 고달프고 지쳐서 사랑에 목마른 사람들을 향해 그리스도는 말한다. "고생하며 무거운 짐을 지고 허덕이는 사람은 다

나에게로 오너라. 내가 편히 쉬게 하리라."(마태 11:28) 그에게로 가는 것은 성인(聖人)이 되기 위한 가장 단순하고도 완전한 공식인 것이다.

우리의 세계를 재앙과 죄의 모든 결과로부터 구원할 수 있는 단 하나의 유일한 것이라면 성인(聖人)이 되는 것이다. 그런데 예수는 성인 제조기이다. 그가 소위 "예수"("구원자")인 것은 그가 우리를 우리의 죄로 인한 형벌에서 구원할 것이라는 이유에서만은 아니었다. 천사의 명령은 다음과 같았다. "그 이름을 예수라 하여라. 예수는 자기 백성을 죄에서 구원할 것이다."(마태 1:21)

하느님은 당신이 성인이 될 때까지 쉬지 않을 것이다. 그는 다음과 같이 명령한다. "하늘에 계신 아버지께서 완전하신 것같이 너희도 완전한 사람이 되어라."(마태 5:48)

그러나 우리는 성인이 아니다. 어째서?

그 대답은 쉽게 발견할 수 있다. 당신의 마음의 거울을 들여다보라. 당신 자신에게 절대 정직해 보라. (윌리엄 로William Law를 인용한다면) 당신은 지금 이 순간에 성인이 아닌 유일한 이유가 전적으로 성인이기를 원하지 않기 때문인 것을 의심할 수 있는가?

그러나 나는 그렇게 되기를 원한다고 당신은 대답한다. 이것이 아주 정직한 대답이다.

하지만 전적으로가 아니라는 것이다.

그렇다면 무엇이 우리의 의지를 전적인 것으로 만들 수 있는가?

성인의 비결은 무엇인가? 우리는 동일한 이상, 동일한 원리, 동일한 믿음, 동일한 염원을 가지고 있다. 성인들은 어째서 우리가 사는 것보다 더 많이 그리고 더 잘 그것들을 살아내는가? 그들의 성공의 비결은 무엇인가?

역설적이게도, 우리가 너무 많은 선행을 하기 때문에 우리는 충분히 선행을 하지 않는다. 이것은 두 가지를 의미한다. 첫째로, 우리는 많은 것을 걱정하는 마르타들이다. 대신에 마리아는 그저 "오직 예수만"을 사랑한다. 둘째로, 우리는 12단계 프로그램 중 1단계, 즉 우리가 스스로 그것을 할 수 없다는 것을 실현하는 대신에 하느님에게 "도움"을 청하면서 스스로 그것을 하려고 한다. 예수가 그것을 해야 한다. 우리의 자원은 하찮은 것이고, 그의 것은 한계가 없다.

성인은 자기 뒤편에 있는 교량은 파괴하고 자기 앞에 있는 "오직 예수만" 보고 있는 전사(戰士)이다.

그것은 마르타 같은 행동주의를 의미하지 않듯이 수농성을 의미하지 않는다. 하느님 앞에 당신 자신을 내어맡기는 것이 당신이 해야 하는 최소한의 수동성이다. 바로 이것이 "내가 사는 것이 아니라 그리스도가 내 안에서 사시는 것입니다"(갈라 2:20)라고 말한 바울로의 동력(dynamo)이었다. 그것은 또한 "그분은 더욱 커지셔야 하고 나는 작아져야 한다"(요한 3:30)라고 말한 세례자 요한의 동력이었다.

5. 예수와 성

우리는 오늘날 "도덕성"이라는 말을 들을 때 자동적으로 "성 도덕"(sexual morality)을 생각한다. 이것은 우리가 성이 이 세상에서 가장 큰 도덕적 싸움이 일어나는 곳이라는 사실을 알고 있기 때문이다. 모든 사람이 "성 혁명"에 대해 이야기한다. 하지만 다른 분야에서 그에 상응하는 도덕적 혁명을 말하는 사람은 아무도 없다. 사실을 말하면 나머지 도덕법은 여전히 사람의 마음과 가슴 속에서 거의 자기 자리를 지키고 있다. 어떠한 미국 대통령도 사디스트(Sadist)나 절도범 또는 살인자, 심지어 성(sex) 문제가 아닌 분야에서 지능적인 거짓말쟁이라는 폭로를 견딜 수 없었다.

도덕적 상대주의는 미디어와 교육 분야에서 우리의 마음을 주형하는 새로운 정통(orthodoxy)이다. 이 새로운 도덕적 상대주의를 지지하는 거의 모든 정당화는 성에 관계한다. 생태계, 경제학, 형벌학, 테러리즘, 심지어 흡연이 문제가 될 때 "아무래도 좋다", "다른 사람에게 다른 법을", "사는 대로 살게 두라", "판단하지 말라"와 같은 도덕성을 원하는 사람은 아무도 없다. 오직 성에 대해서만 그렇다.

아무 힘도 없는 무고한 사람을 죽이는 것을 정당화하는 것은 성의 이름으로 하는 것 이외에는 없다. 황새가 새끼를 배면 낙태하지 않는다. 낙태는 산아 제한을 지원하고 산아 제한은 아기를 가지지 않고 성을 소유하려는 요구이다. 낙태 대재앙(holocaust)을 이끄는 동인(動因)은 성적인 것이다.

우리는 다음과 같이 그 결과가 분명해지는 다른 분야의 실천에 대해서는 정당화하지 않는다. (1) 당신의 가장 친밀한 친구와 엄숙한 약속을 배반하는 것, (2) 자녀들의 행복을 그들의 남은 인생을 위해 매우 심대하게 해치는 것, (3) 인간 사회의 가장 근본적인 기본 원칙을 파괴하는 것. 그러나 우리는 이혼이 이 세 가지 결과를 가지고 있을지라도 정당화한다. 왜냐하면 그것은 성의 이름으로 하는 것이기 때문이다. 우리는 다른 사람의 돈을 훔치면 반드시 감옥에 가도록 되어 있다. 하지만 우리는 다른 남자의 아내를 훔칠 수 있다. 당신은 선임한 변호사를 배반하면 처벌을 받는다. 하지만 당신은 당신의 아내를 배반할 수 있다. 그런데 그녀가 처벌을 받는다. 당신은 법을 위반하지 않고 아직 태어나지 않은 머리가 벗겨진 독수리나 청고래를 죽일 수 없다. 하지만 당신은 법을 위반하지 않고 당신 자신의 태어나지 않은 자녀를 죽일 수 있다.

이 사회가 철학적 지혜나 논리적 일관성에 과잉 상태가 되어 있는 것이 아님은 명백하지만, 이러한 일상 생활품을 논증으로 회복할 수 있는 희망은 거의 없다. 또 논증으로 대답될 수도 없다. 마리화나 상용자에게 그의 머리를 제대로 정상화할 필요가 있다고 보고 가능한지 어떤지 시도해 보라. 그의 머리는 이미 뒤바뀌어 흐트러져 있다. 그래서 그 메시지는 어떠한 토양도 발견하지 못할 것이다. 성 중독자도 마약 중독자와 마찬가지로 명료하게 생각할 수 없을 것이다.

그렇지만 사고(thinking)는 충분한 것은 아니지만 필요하기는 하다. 사고는 사물을 혼동에서 벗어나게 한다. 우리는 우리 혼동의 본질을 깨달아서 그 혼동으로부터 탈출할 수 있는 황금 열쇠를 발견해야 한다.

혼동의 본질은 우리가 성과 사랑을 혼동한다는 것이다. 그리고 그리스도가 그 출구이다. 이제 이것이 어떻게 작동하는가를 살펴보자.

여기에 혼동이 있는데, 비틀즈가 노래한 가사를 보자. "당신에게 필요한 것이라고는 사랑뿐이네." 하지만 그것은 사랑이 아니다. 누군가가 "사랑이면 충분해"라는 제목으로 연애소설을 썼다. 그러나 그것은 사랑이 아니다. 그들은 그런 종류의 사랑을 품고 있는 것이 아니다. 반면에, "당신에게 필요한 것이라고는 사랑뿐이네", "사랑이면 충분해"는 참이다. 왜냐하면 "하느님이 사랑이고" 하느님이면 충분하기 때문이다.

여기에서 혼동은 소탕된다. 그러나 겉으로 보이는 모순이 있다. 즉 하느님은 어떤 종류의 사랑인가 하는 것이다. 그 답은 그리스도이다. 당신은 사랑이 궁극적으로 무엇인지를 알기 원하는가? 거기를 보라. 그리스도를 보라. 거기에 사랑이 있다. 그 정의는 추상적이 아니라 십자가 처형처럼 구체적이다.

서양 문명에서 우리가 그리스도로부터 물려받았던 지혜, 즉 가장 위대한 가치가 사랑이라는 것을 무시할 수 있는 사람은 아무도 없다. 우리가 무시할 수 있고 무시하는 것은 그 사랑이 일체의 자연적인 인간의 사랑과 얼마나 다르고 얼마나 도전적인가, 그것이 요구하는 변화가 얼마나 급진적인가 하는 것이다. 이를 유추하여 설명해 보자. 그리스도는 이러한 변화를 "새로운 탄생"이라고 부르고, 그 이미지를 우리의 자연적 삶에서 경험했던 가장 급진적인 단 하나밖에 없는 변화를 가리키는 것으로 신중하게 사용한다. 우리는 그가 말했던 사랑(아가페)을 성적 사랑(에로스)이나 주관적 연민과 친절 또는 이러한 감정이 동기화시키는 자선, 객관적 행동과 혼동하고 있다. 이를 성적 사랑과 혼동하는 것은 합리적으로 방어할 수 없는 것이다. 그래서 그것은 무의식적이다. 하지만 내적 연민 의식이나 외적 자선 행동과의 혼동은 방어할 수 있는 것처럼 보인다. 그래서 통상적으로 그것은 의식적이다. 그러나 고린토 I서 13장은 이 둘을 명시적으로 논박한다.

여타 형태의 사랑과 달리, 그리스도의 사랑은 수월하지도 자연적이지도 감정적이지도 않다. 그것은 힘들고 초자연적이고 어떤 때는 느낌을 무릅쓰는 의지 행위이다. 마더 테레사가 해충에 감염된 죽어가는 캘커타 거리의 노숙자들을 돌보는 사역은 그들을 껴안고 싶은 어떤 달콤한 느낌에 기초한 것이었는가? 그녀가 시체 성애자(necrophiliac)였는가? 예수는 요한에게 가졌던 것과 동일한 느낌을 유다에게 가졌는가? 그의 느낌이 변했을 때 그의 사랑에 변화가 있었는가?

우리는 통상적으로 그리스도의 사랑 계명을 무시하지 않는다. 하지만 우리는 통상적으로 그 사랑이 일체의 한갓 인간적 사랑과 얼마나 다른지를 무시한다. 그 차이는 생각해 보면 드러난다. 우리는 그가 말한 다음과 같은 계명에 대해 생각하지 않는다. "너희가 서로 사랑하면 세상 사람들이 그것을 보고 너희가 내 제자라는 것을 알게 될 것이다."(요한 13:35) 그 사랑이 이미 인간 안에 현존하는 자연적, 일반적, 보편적 사랑이었다면, 그 말은 자기모순을 범할 것이다. 그렇게 되면 그 말은 다음을 의미할 것이다. "세상은 너희가 동일한 종류의 사랑을 공유하고 있다는 사실에 의해서 너희와 그들 사이의 차이를 알게 될 것이다." 물론 그 말은 정확히 그 반대를 의미한다.

그러면 그리스도와 그의 사랑(아가페)은 성(에로스)과 어떤 차이가 있다는 것인가? 세상의 빛이 우리의 세계의 신, 즉 성과 우리의 성 혁명에 어떤 빛을 쏘이게 할 것인가?

성은 우리의 세계와 문화의 신이다. 그것은 협상이 가장 불가능한 우리의 요구이다. 성에 관한 그리스도 교회의 신실한 가르침은 세상이 교회를 미워하고 두려워하는 주요 이유이다. 왜냐하면 교회가 우리 사회의 중독 현상과 그 실재적 종교에 대해 "판결하기" 때문이다.

그리스도는 성 혁명을 혁명한다. 그는 어떻게 그렇게 하는가? 종교와 성을 대립시키는 것이 아니라 실재적 종교와 거짓 종교를 대립시킴으로써 그렇게 한다.

프로이트의 관점에서 보면 종교는 성의 대용물이다. 그리스도의 관점에서 보면, 성은 종교의 대용물이다. 그것은 어느 정도 좋은 대용물이다. 하느님이 창조한 모든 피조물 가운데서 종교는 초자연적 사랑과 우리의 초자연적 운명의 가장 훌륭한 자연적 아이콘(icon) 중의 하나이다. 그처럼 좋은 것들은 예배될 수 있다. 당신은 배관 공사나 보험으로부터 종교를 만들 수 없다.

성이 얼마나 종교에 가까운 것으로 될 수 있는지를 탐구해 보자. 종교의 중심, 종교의 궁극 목적, 종교의 "지성소"는 신과의 영적 결혼이다. 성경에 따르면 인간 역사의 최후의 사건은 요한의 묵시록의 말미를 보면 어린 양과 그 신부(新婦), 즉 교회와의 결혼식이다. 성의 중심과 그 위대한 전율은 성 행위의 친밀성이고, 고립성과 이기주의의 거의 신비스럽다고 할 만한 극복이며, 타자와의 육체적 정신적 동일시이고, 사랑받는 사람이 당신을 "지성소"로 들어오도록 허락한다는 사실이다. 이것은 우리가 지향하도록 되어 있는 천국의 무한하고 상상 불가능한 망아성을 표현하는 자연적 아이콘이요 이미지이며 그림자이고 예언이며 안주이고 전채이다. 우리는 하느님과의 하나됨이 내장되어 있는 하드웨어이다. 이것이 우리가 서로의 하나됨에 그토로 전율을 느끼는 이유이다. 이것이 성적 오르가즘에서 자기 망각, 자아성의 초월, 통제의 상실이 그토록 신비스럽게 성취되는 이유이다. 이것은 단순하게 순수한 육체적 감각만은 결코 아니다. 그것은 신비적인 의미이다. 고등동물은 이와 동일한 육체적 쾌락을 경험한다. (개를 관찰해 보라!) 하지만 그들은 그것에 관해 신비스럽고 낭만적인 사랑의 시를 쓰지 않는다. 그들은 설령 쓸 수 있다고 해도 쓰지 않을 것이다.

동물의 성 행위는 인간의 사랑의 원격 이미지이고 인간의 사랑은 천국의 망아성의 원격 이미지이다. 사랑받는 자가 갖는 지상의 친밀성은 하느님과의 천상의 친밀성이라고 하는 모닥불의 자그마한 불티이다. 성은 지복 직관(Beatific Vision)의 희미한 이미지이다.

신앙의 시대는 그 신앙과 소망과 사랑을 그와 같은 천국의 망아성에 투자했다. 우리의 배교의 시대는 그것을 잃어버렸고, 따라서 아주 자연스럽게 인간 성의 이미지에 고착되어 버렸다. 성 혁명은 두 가지 원인 또는 조건이 없었더라면 일어날 수 없었을 것이다. (1) 사그라진 종교적 열정, (2) 성을 출산 및 평생의 책임감으로부터 떼어 놓을 수 있는 약.

종교는 성을 대신하는 희미한 대용물이 아니다. 성이 실재적 종교를 대신하는 희미한 대용물이다. 왜냐하면 아퀴나스가 말한 대로, "아무도 기쁨 없이 살 수 없다. 이것이 영적 기쁨을 박탈당한 인간이 육적 쾌락으로 넘어가는 이유이다."(『신학대전』 II-II, 35, 4 ad 2) 성 혁명의 근원은 종교적이다. 이것이 성 혁명의 요구가 그처럼 협상 불가한 것이 되는 이유이다.

그러나 당신이 그와 같은 실재적인 것을 소유할 때, 중독에서 그 망아성의 이미지로 자유롭게 해방될 것이다. 당신이 하느님과의 사랑의 관계를 소유할 때, 중독에서 벗어나 피조물과의 사랑의 관계로 자유롭게 해방될 것이다. 오직 그때에만, 즉 우리가 그토록 절망적으로 그것들을 필요로 하지 않을 때에만, 우리는 피조물을 자유롭게 누리고 평가할 수 있을 것이다. 알코올 중독자는 알코올을 자유롭게 평가할 수 없다. 성 중독자는 성을 자유롭게 평가할 수 없다.

그리스도가 이것과 무슨 관계가 있는가? 모든 것과 관계가 있다. 왜냐하면 그리스도만이 우리에게 하느님과의 친밀성을 주기 때문이다. 따라서 그리스도만이 성 혁명에 대한 답이다.

많은 사람들에게, 이러한 연관은 기이하게 보일 것이다. "그리스도가 성과 무슨 관계가 있는가?"라는 물음은 그가 귀신 들린 사람에게서 축귀하려고 했을 때 "나자렛 예수님, 어찌하여 우리를 간섭하시려는 것입니까?"(마르 1:24; 루가 4:34)라고 악한 귀신이 물었던 물음과 유사한 것이 아닌가 하고 짐작될 것이다. 우리가 어떻게 감히 성과 그리스도를 결합할 수 있는가? 그러나 우리는 결합해야 한다. 왜냐하면 그것들은 우리의 삶에서 가장 열정적인 두 가지이기 때문이다.

이것을 다시 한 번 깊이 조사해 보자. 성 혁명의 깊은 의미를 숙고해 보자. 우리는 혁명의 시대에 살고 있다. 인류 역사상 어떤 시대의 500년간보다 지난 500년 동안, 그리고 어떤 시대의 100년간보다 지난 100년 동안 너무나도 많은 심대한 변화들이 발생했다. 그리고 성 혁명이 우리 시대의 가장 급진적 혁명임은 확실하다. 왜냐하면 "급진적"(radical)은 "뿌리에 관한"(radix)을 의미하고, 성은 인간 삶의 뿌리이기 때문이다.

성 혁명의 가장 급진적 열매는 행동에 있는 것이 아니라 사고에 있다. 그것은 우파측 반혁명론자가 통상적으로 말하는 것, 말하자면 비록 그 결과가 가족과 모든 사회, 특히 여성에 재앙적이라고 해도 성적 부도덕과 난교가 증대한다는 것이 아니다. 또한 좌파측 친혁명론자가 말하는 것, 즉 "성 교육", 성 실험과 경험을 통해 지식과 힘이 증대한다는 것이 아니다. 그와는 정반대이다. 즉 성 혁명의 가장 급진적 열매는 무지이다. 성에 관한 진리 가운데 가장 기초적인 진리에 대한 무지, 성의 기본 의미에 관한 무지, 성이 가장 기본적으로 의미하고 뜻하는 것이 무엇인지, "성의 모든 것이 무엇에 관한 것인지"에 대한 무지이다. 성은 아기에 관한 것이다. 성은 새로운 인간 생명의 근원에 관한 것이다. 이것이 성이 그토록 황홀한 이유이다! 성은 출산을 위한 것이며 우리가 언제나 신성한 창조의 황홀경에 최대한 가까이 갈 수 있는 근삿값이다. 그리고 바로 이것이 성 혁명이 망각하고 거부하고 은폐하고 금하는 것이다.

성 혁명의 가장 급진적 변화는 행동에 있지 않았다. 이전에도 역사에서, 그중에서도 멸망해 가는 로마에서, 온갖 종류의 열광적인 폭발이 성적 행동에 있었다. 그 실재적 혁명은 사고에 있었다. "우리가 행하는 모든 것은 우리의 생각에서 만들어진다"라고 부처가 설법을 시작했을 때 말한 바 있다. 교황 바오로 6세가 예언자적으로 "피임 심성"(contraceptive mentality)이라고 명명한 것은 올더스 헉슬리(Aldous Huxley)의 『멋진 신세계*Brave New World*』를 제외하면 어떠한 선견지명보다 더 급진적 변화였다. 피임은 성을 아기에서 분리시킨다. 이것은 음식을 영양분에서, 눈을 시각에서, 얼음 생산자를 얼음에서, 교회를 성인(聖人)에게서 분리시키는 것과 같다. (이것을 우리도 한다. 우리들 가운데 얼마나 많은 사람들이 교회를 제일의적으로 성인(聖人) 제조기로 보는가? 하지만 이것이 바울로가 교회를 본 방식이다. 이 점을 기억하면 모든 서신이 훤히 밝아질 것이다.)

혁명의 지지파든 반대파든 통상적으로 혁명은 성적 행동의 억제와 구속의 제거에서 성립했다고 말한다. 지지파는 그 혁명이 선했다고 말하고 반대파는 선하지 않았다고 말한다. 그러나 양쪽 모두 틀린 것이다. 훨씬 급진적인 것은 새로운 검열, 즉 성의 본질, 성의 의미에 대한 검열이 전가되었다는 점이다. 그들은 사람이 성을 만든다는 사실에 너무 고착되어 있었으므로 성이 사람을 만든다는 점을 망각했다. 그들은 심리학에 너무 몰두해 있었으므로 생물학을 망각했다.

혁명의 허위성은 노출되어야 한다. 이혼과 낙태가 그 두 가지 사항이다. 혁명은 이혼을 "연민"에 호소함으로써 정당화한다. 하지만 이혼은 실제로 무고한 희생양, 즉 자녀들에게는 가혹할 정도로 연민이 없다. 그 점에서 이혼은 낙태와 같다. 사실을 말하면 그것은 낙태이다. 결혼에 의해 창조된 새로운 인격, 즉 "한 육체"의 낙태이다. 그리고 이것, 즉 낙태가 둘째 거짓이다. 낙태는 성 혁명의 제일의 성사(sacrament, 聖事)이고 가장 놀라운 열매이다.

성 혁명이 거짓에 기초해 있으므로 진리, 말하자면 성에 관한 진리 이외의 다른 진리가 아닌 오직 그 진리만을 말함으로써만 그 혁명은 패퇴될 수 있다. 이것은 부정뿐만 아니라 긍정도 의미한다. 실재를 보여 주고 진리 자체의 큰 그림을 드러냄으로써 망상을 쫓아버리는 것이 바로 그것이다. (이것이 교황 요한 바오로 2세가 자신의 "몸의 신학"에서 행한 것이다.)

"큰 그림"은 기독교 신학의 가장 기본적인 두 가시 진리, 즉 창조와 성육신을 포함한다. 그리스도는 유대인으로서 첫 번째 것을 믿었고, 그리고 그는 바로 두 번째 것이었다.

창조는 하느님이 사랑했기에 사람의 몸과 그 성을 포함하는 전 물질적 우주를 존재하게 했다는 것을 의미한다. 기독교는 역사상 가장 유물론적인 종교이다. 물질은 매우 선하고 하느님은 물질을 사랑한다. 그가 그 많은 것을 어떻게 만들었는가를 보라!

성육신은 하느님이 물질을 창조했고 그뿐만 아니라 물질이 되었다는 것을 의미한다. 하느님이 물질적인 존재가 되었다! 그리고 그는 여전히 물질적인 존재이다. 그는 승천할 때 몸을 남겨 두었지 떠나지 않았다. 승천은 성육신의 원상태로의 복귀가 아니었다. 그리스도는 인간의 본성, 인간의 몸, 인간의 영혼을 그와 함께 그가 영원히 소유하는 천국으로 가져갔다.

창조 교리는 모든 물질이 거룩하다는 것을 의미한다. 왜냐하면 하느님이 만들었기 때문이다. 그러나 성육신 교리는 인간의 몸이 가장 거룩하다는 것을 의미한다. 왜냐하면 하느님이 그것을 분해될 수 없는 통일 속에서 제것으로 했고 그와 결혼했기 때문이다. (하느님이 결합한 것은 사람이 떼어 놓을 수 없다.) 그리스도는 우리를 구속하기 위해서 육신이 되었고, 구속은 육체적이었다. 그것은 가르침이나 좋은 예를 가지고 발생한 것이 아니었다. 그것은 그리스도가 십자가에서 자신의 피를 육체적으로 우리에게 줌으로써, 그리고 정신적으로 이것을 자발적으로 행하겠다는 의지와 함께함으로써 발생한 것이다. 테르툴리아누스(Tertullian)는 "육체는 구원의 경첩이다", "어떠한 다른 피도 충분하지 않을 것이다"라고 말했다.

창조(물질의), 성육신(인간 물질로의), 승천(그의 물질적 인체의), 성체, "새 하늘과 새 땅"과 같이 하느님은 이토록 물질을 예술가처럼 소중히 여긴다. 오로지 이러한 종교만이 교황 요한 바오로 2세의 "몸의 신학"을 낳을 수 있었다. 아우구스티누스에게는 "안식 없는 마음"(restless heart)이, 프란체스코에게는 거룩한 가난이, 아퀴나스에게는 신앙과 이성의 결혼이 상표였듯이, 몸의 신학은 요한 바오로 2세의 영원한 상표일 것이다.

몸의 신학은 전적으로 그리스도 중심주의적이다. 그리스도는 몸의 신학을 가르치지 않는다. 그리스도가 몸의 신학이다.

몸의 신학의 핵심에는 성을 삼위일체의 아이콘으로 보는 관점, 하느님과 결혼하기로 되어 있는 우리의 최종적인, 신비스러운 천국의 뜻의 아이콘으로 보는 관점이 놓여 있다. 하느님은 단지 한 개인이 아니라, 가족 즉 삼위일체, 다시 말해서 성부, 성자(聖子), 성령의 가족이다. 따라서 가족은 신적인 것과 같다. 왜냐하면 하느님이 가족이기 때문이다.

하느님은 삼위일체이다. 왜냐하면 그는 사랑이고 완전한 사랑이며, 따라서 사랑하는 사람, 사랑받는 사람, 사랑하는 행동이기 때문이다. 그는 단지 사랑하는 자가 아니다. "하느님은 사랑이다."(요한I서 4:8) 이것이 인간의 사랑, 특히 인간의 성적인 사랑이 신적인 것과 같은 이유이다. 왜냐하면 하느님은 사랑이기 때문이다.

이것은 그리스도 중심주의적이다. 왜냐하면 그리스도만이 삼위일체를 계시하기 때문이다. (그리스도인들만 이것을 믿는다.) 그리스도는 삼위일체 교리에 대한 우리의 근본 토대가 되는 자료이다. 그리스도는 우리가 하느님은 단 한 분일 뿐만 아니라 성부, 성자, 성령인 분이라는 것을 알게 해 주는 이유이다. 그리스도는 아버지를 하느님이라고 불렀고, 자기 자신을 하느님이라고 불렀으며, 그들이 보낸 성령을 하느님이라고 불렀다. 하지만 그는 유대인으로서 단 한 분의 하느님만 존재한다는 것을 알았다. 따라서 하느님은 아버지, 아들, 성령이다.

삼위일체는 성의 궁극적 의미이다. 왜냐하면 우리는 하느님의 모습을 따라 만들어졌기 때문이고, 이는 성을 의미하기 때문이다. 성경이 "하느님의 모습"(창세 1:27)이라는 구절을 처음으로 사용하는 바로 그때 성경은 그 모습을 "남성과 여성"으로 확인한다.

몸의 신학이 얼마나 중요한가? 그것은 성 혁명이 얼마나 중요한

가에 달려 있다. 성 조지(St. George)의 중요성은 용(dragon)의 중요성에 달려 있다. 반 헬싱 박사(Dr. Van Helsing)의 중요성은 드라큘라의 중요성에 달려 있다.

성 혁명이 얼마나 중요한가? 마찬가지의 이유로, 그것은 가족이 얼마나 중요한가에 달려 있다.

가족이 얼마나 중요한가? 그것은 모든 인간 사회, 사실상, 인간 존재의 기초이다.

역사적으로, 가장 안정적으로 성공리에 내적으로 평화를 누리면서 장기간 지속한 사회는 유대 사회, 유교 사회, 이슬람 사회, 로마 사회였다. 이 사회는 각각 약 3500년, 2100년, 1400년, 700년 동안 지속했다. 왜냐하면 단 한 가지의 압도적인 이유, 즉 그들은 가족을 크게 존경했기 때문이다.

나는 가족이 교리의 정통성보다 하느님에게 훨씬 더 중요하다고 생각한다. 왜냐하면 가족은 인간 안에 있는 하느님의 모습에 관한 것이기 때문이다. 이슬람교와 모르몬교는 신학적 이단이지만, 하느님은 그들을 축복하고 있고, 오늘날 기독교보다 빠르게 확장하고 있다. 왜냐하면 이슬람교도와 모르몬교도들은 가족, 결혼, 성 도덕, 출산에 대해 그리스도인들보다 훨씬 더 충실하기 때문이다. 그들은 성 혁명에 저항하고 있지만, 우리는 굴복하고 있다.

이것은 모욕적인 데가 있다. 왜냐하면 성 혁명에 대한 최종적이고 명확한 답은 무함마드나 조셉 스미스(Joseph Smith)가 아니라 예수이기 때문이다. 그는 성과 결혼의 거룩함의 신비를 계시하고 육화했을 뿐만 아니라, 가족을 우리의 궁극적 운명, 즉 하느님과의 영적 결혼의 거룩한 기호로 계시하고 육화했기 때문이다. 예수는 단지 큰 그림을 알려 주는 것이 아니다. 그는 큰 그림이다. 그는 우리에게 성에 관한 하느님의 말씀을 가르치기만 하는 것은 아니다. 그는 성에 관한 하느님의 말씀이다. 그는 영적 결혼을 계시할 뿐만 아니라 영적 결혼이다. 그리스도 안에서 우리는 큰 그림보다 더 많은 것을 가지고 있다. 즉 우리는 큰 인격을 소유한다.

6. 예수와 사회 윤리: 연대

사회의 근본 문제는 유대(glue)이다. 무엇 때문에 본성상 이기적 개인들은 협착하는가? 우리는 본질적으로 이기적이다. 이것은 원죄 교리의 검증 가능한 공식이다. 이기성은 분리하고, 공동체는 통합한다. 무엇 때문에 이기성은 공동체로 결합하는가? 그것은 힘인가? 그것은 사회정의인가?

어느 쪽도 아니다. 그것은 연대이다. 연대(solidarity)는 항상 인간 접착제로서 정의보다 강력했다. 왜냐하면 정의는 추상적이고 합리적인 데 반해, 연대는 구체적이고 신비적이기 때문이다.

그런데 연대의 기초는 무엇인가? 그것은 우리의 공통 근원, 즉 아담뿐만 아니라 우리의 공통 끝, 즉 그리스도이다.

세속주의자는 우리의 공통 근원이 원숭이이고, 우리의 공통 끝이 죽음이라고 말한다. 이것은 연대를 위한 매우 좋은 기초가 아니다.

세계는 (정상이고 도덕적이면) 가장 보잘것없어도, 가장 연약한 것이라도, 가장 필요한 것이라도, 가장 취약한 것이라도, 가장 "쓸데없는" 것이라도 모든 인간의 삶을 칭송하고 실천한다. 어째서인가? 어떤 기초에서인가? 느낌과 감정 때문에? 이것은 바람처럼 또는 미디어의 조작으로 바람을 타는 유행처럼 변하는 것이고 예측할 수 없는 것이며 통제할 수 없는 것이다. 그리스도의 교회가 실재적 대답을 준다. 즉 인간 연대의 실재적 기초는 그리스도이다. 모든 사람이 형제이게 되는 것은 그리스도 안에서이다. 우리가 여자 거지든, 태어나거나 태어나지 않은 아기든, 말기 암 환자이든, 정치적 적수든 적군이든 그들에게 하는 것은 무엇이든지 우리가 그리스도에게 하는 것이다.

왜냐하면 성육신에서 그리스도는 하나의 인간이 되었고, 인간 즉 인류(humanity), 그것도 추상적 이념으로서가 아니라 구체적 가족으로서 "인류"가 되었기 때문이다. 그가 "너희가 여기 있는 형제 중에 가장 보잘것없는 사람 하나에게 해준 것이 바로 나에게 해준 것이다"(마태 25:40)라고 말할 때, 그것은 결코 법률적 허구가 아니다. 그것은 문자적으로 사실이다. 육체적 결혼으로 "둘이 한 육체가 된다." 한 몸, 한 새로운 인격을 이룬다. 당신이 그 점을 깨닫는다면 더 이상 배우자와 경쟁하지 않을 것이고 깔보거나 해를 입히지 않을 것이다. 왜냐하면 그가 바로 당신 자신이고 당신 자신의 몸이기 때문이다.(에페 5:28) 그런데 그리스도 안에서, 우리는 모든 사람과 결혼한다. 왜냐하면 우리는 그의 몸의 지체(기관, 손)이기 때문이다. 우리가 그 점을 깨닫는다면 연대를 깨달을 것이다. 그리스도 밖에서, 연대는 다만 하나의 아름다운 이상일 뿐이다. 그리스도 안에서, 그것은 아름다운 사실이다.

그리스도 밖에서, 이 아름다운 이상은 인간의 노력으로 실현되어야 한다. 그러나 인간의 노력은 죄와 타협하게 된다. 따라서 1930년대의 독일에서부터 알 카에다에 이르기까지, 열정적이며 자기 희생적인 인간의 연대를 보여 주는 많은 정권들 역시 열정적인 죄성(sinfulness)과 증오를 보여 주는 정권이 된다.

연대는 사회적이고 정치적인 근본 문제에 대한 근본 대답이다. 이 문제는 이기적인 개인들이 그들의 개체성을 상실하지 않고 어떻게 협력할 것인가 하는 문제이다. 이것은 도시의 문제, 시민의 문제, 즉 공동체의 문제이다. 공동체의 공동체성은 무엇인가? 우리는 어떻게 전쟁 대신에 평화 속에서 함께 살 수 있는가?

전쟁은 역사상 가장 우둔하기 짝이 없는 관념이다. 다시 말해, "우리는 문제가 있다. 따라서 서로를 살해함으로써 문제를 해결하자"는 식이다. 하지만 역사는 이러한 특출한 관념으로 가득 차 있고, 평화는 예외이다. 우리의 세계 지형학에서 평화가 일어나려면 먼저 우리의 마음 지형학에서 평화가 일어나야 한다. 왜냐하면 우리의 생각이 우리의 행동을 지배하기 때문이다. 우리의 지각이 전쟁에서 평화로, "그들과 대적하는 우리"에서 "그들을 포함하는 우리"로 변해가야 한다. "그들"이 어떻게 "우리"가 될 수 있는가? 우리가 어떻게 개인의 선을 공동선으로 확인할 수 있는가? 우리가 어떻게 저 "본성의 (타락) 상태", 즉 홉스가 기술한 잊지 못할 저 유명한 상태, 즉 만인 대 만인의 투쟁 상태, "고독하고 곤핍하고 추잡하며 황폐한 결핍의" 삶의 상태를 극복할 수 있는가? 사회계약과 기술공학만으로는 안 된다. 히틀러의 독일, 스탈린의 러시아, 마오쩌둥의 중국은 그 둘을 가졌으나, 삶은 여전히 고독했고 곤핍했고 추잡했으며 황폐한 결핍이었다.

거듭 말하지만, 그리스도는 답을 가르치기만 하지는 않는다. 그리스도가 답이다. 그는 우리에게 평화를 가리키지 않는다. 그가 우리의 평화이다.

7. 예수와 정치: 그는 좌파냐 우파냐?

오늘날 모든 정치적 이슈는 좌파 대 우파, 정치적 "우리 대 그들"의 프리즘을 통해 파악된다. 이 범주는 개개의 쟁점을 그 시비에 따라 생각하지 못하도록 사유를 생략하는 사람, 반응이 자동화되어 있는 사람을 낳고 있는 개념이다. 하지만 이 범주와 그 극단화는 그리스도에 적용될 때 한층 더 변론할 수 없는 것이 되고 만다. 왜냐하면 그것은 그 반대는 아니더라도 오히려 그리스도를 타락한 세계에 의해서 판단하는 것이 되기 때문이다.

극단화는 또한 도덕성에도 해를 입히는 것이다. 왜냐하면 극단화로 말미암아 우리는 선택적으로 도덕적이 되고 선택적으로 이상적이 되기 때문이다. 이것은 우리가 선택적으로 부도덕적이 되고 실용적이 된다는 뜻이다. 우리는 낙태, 안락사, 성 도덕에 관해서는 고속도로를 달리면서 전쟁, 가난, 환경 오염에 관해서는 저속도로를 달릴 수 있다. 또는 그 역도 성립한다. 우리는 모든 인간 삶이 내재적으로 귀중한 가치가 있는가라는 특수 문제에 초점을 맞추고 있으면서도 그 범주로 말미암아 낙태에 관해서는 긍정하고 전쟁과 사형에 관해서는 부정하는 도덕적 정신분열증을 맞이하게 된다. 또한 그 역도 성립한다. 그것은 우리가 그른 답을 준다는 사실만은 아니다. (나는 특정한 전쟁이나 특별한 경우의 사형에 관해 특별하게 옳은 답이 무엇인지를 확신할 수 없다.) 그것은 우리가 자기 모순적 원리들을 가지고 있다는 사실을 가리킨다.

우리는 직선의 관점에서만 구부러진 꼬챙이를 판단할 수 있다. 그리스도는 신의 계시에 의해 명시적으로 알려질 때나 양심과 자연법에 의해서 가시적으로 알려질 때나 직선이요 수직선이다. 그는 모든 쟁점을 하느님의 본질적 질서로 가져와서 인간의 비본질적 무질서를 판단한다. 따라서 그는 이것을 정치 분야에도 가져온다.

그는 또한 우파와 좌파의 고유한 관심들을 통합한다. 왜냐하면 그는 우파와 좌파가 이탈하는 바른 노선("나는 길이요")이기 때문이다. 그는 우파에서도 할 수 없고 좌파에서도 할 수 없는 바, 좌파와 우파 모두가 가지고 있는 정의로운 관심에 대해 강력한 근거를 제공한다.

예를 들면, 우리는 어째서 가난한 사람들을 먹여 살려야 하는가? 왜냐하면 가난한 사람은 변장한 그리스도이기 때문이다. 정치적 올바름이나 개인적 감정 때문에서만은 아닌 것이다.

좌파는 죄인들을 사랑하는데, 그러면 왜 그렇게 해야 하고, 우파는 죄인들을 미워하는데, 그러면 왜 그렇게 해야 하는가? 마약, 폭력, 돈, 성에 중독된 사람을 왜 사랑해야 하는가? 그리고 그들의 탐닉을 왜 미워해야 하는가? 마찬가지의 이유에서이다. 그리스도가 그렇게 하기 때문이다. 이것이 우리가 자유주의자보다 죄인에 대해 더 연민을 가져야 하고 보수주의자보다 죄에 대해 더 연민을 가져서는 안되는 이유이다. 동일한 이유, 즉 그리스도 때문이다.

어째서 교리의 정통성을 고수해야 하는가? 올바름 때문만은 아니며 그리스도에 대한 충실함 때문이다. 어째서 세속주의자들이 걸려 넘어지는 두 단어, 즉 죄와 구원에 대해 말해야 하는가? 세속주의자를 논박하기 위함만은 아니며 그리스도 때문이다. 그리스도는 죄와 구원에 대해 말할 뿐 아니라 그리스도가 구원이다.

어째서 "사회적 복음"을 선포하고 실천해야 하는가? 정치적으로 올바르기 때문에, 또는 근본주의자를 논박하기 위해서가 아니라, 그리스도가 그렇게 했기 때문이다.

어째서 보편적이고 포용적이며 교회일치적(ecumenical)이어야 하는가? 외국인 혐오증, 고립주의, 지역주의를 조롱하기 위해서가 아니라, 그리스도가 보편적이었고 보편적이기 때문이다. 그리스도는 지방의 부족 신이 아니다.

어째서 "특수주의의 스캔들", 즉 그리스도가 단 한 분밖에 없는 구원자라는 구체적이고 가시적이며 특수한 배타적 주장을 고수해야 하는가? 자유주의자들을 부당하게 대하기 위해서가 아니라, 그리스도가 특수하고 구체적이며 가시적이고 배타적이며 틀림없이 정확하기 때문이다.

어째서 진보적이고 급진적이며 창조적이며 새로운 사람과 사랑에 빠져야 하는가? 어째서 돛처럼 바람에 열려 있어야 하는가? 그리스도가 그렇기 때문이다.

어째서 닻처럼 충실히 전통적인 신심을 유지해야 하는가? 왜냐하면 그리스도가 "어제나 오늘이나 영원히 동일한 분"이기 때문이다.

어째서 "가슴이 뜨거운 자유주의자"이어야 하는가? 그리스도가 그렇기 때문이다. 어째서 "머리가 냉철한 보수주의자"이어야 하는가? 그리스도가 그렇기 때문이다.

많은 사람들이 그리스도 대신에 자유주의나 보수주의나 또는 다른 -주의(ism)를 사용해 왔고 그들의 명분을 위해 그리스도를 가두었다. 그리스도는 어떤 명분으로도 가두어질 수 없다. 모든 명분이 그리스도를 위해 가두어져야 한다. 모든 주의(ism)는 추상이다. 설령 완전한 주의(ism)가 하나가 있다고 하더라도 우리를 구원할 수 없고 사랑할 수 없다.

종교적 우파의 특수한 위험은 그리스도 대신에 그리스도의 교리를 숭배하는 것이고, 기호를 그 기호의 의미와 혼동하는 것이다. 우파는 옳은 것을 지키고 절대성을 고수하는 점에서 절대적으로 옳다. 그러나 손가락은 달을 가리키는 것이고, 그 손가락을 달로 오인하는 어리석은 바보에게는 화가 있을 것이다.

종교적 좌파의 특수한 위험은 그리스도 대신에 그리스도의 가치를 숭배하는 것이다. 이것은 우파가 그리스도 대신에 그리스도의 교리를 숭배하는 것만큼 추상적이다. 그리스도의 가치도 역시 가리키는 손가락에 지나지 않는다.

우파는 좌파가 모호하다고 주장하지만, 우파의 틀림없는 정확한 교리조차도 그리스도와 비교하면 모호하다. 모든 것이 그렇다. 좌파는 우파가 강경하다고 주장하지만 자유주의자의 온건한 연민의 마음이 그리스도와 비교하면 오히려 강경하다. 모든 것이 그렇다.

우파와 좌파는 서로를 설득할 수 없고 개종시킬 수 없다. 이것은 바리사이파와 사두가이파가 서로를 설득할 수 없었고 개종시킬 수 없었던 것과 같다. 왜냐하면 바리사이파가 필요로 하는 것은 머리가 약간 연성화되는 것, 또는 약간의 세속생활, 대중 심리학, 상대주의, 주관주의가 아니기 때문이다. 그가 필요로 하는 것은 그리스도이다.

사두가이파가 필요로 하는 것은 가슴이 약간 강성화되거나 약간 교만해지거나 또는 스크루지나 마키아벨리나 다윈의 "적자생존"에서 살아남는 자가 되는 것이 아니다. 그가 필요로 하는 것은 그리스도이다.

예수의 사회가 그 시기에 사두가이파와 바리사이파로 분열되어 있었듯이 오늘날 좌파와 우파로 분열되어 있는 우리의 사회가 필요로 하는 것은 순전한 그리스도뿐이다.

지상의 사회는 영혼처럼 영원하지 않다. 하지만 그리스도는 영혼과 사회의 구원자이다. 우리의 사회는 죽어 가고 있다. 왜냐하면 그것이 그 사회의 거룩한 구원자의 이름을 욕설을 뱉는 말로 바꾸어 놓았기 때문이다. 그리스도 공포증은 우리 사회를 살해하는 독약이다. 우리의 세속주의자는 우리가 그들에게 그리스도를 기억하게 하는 속도보다 더 빠르게 그를 망각하게 하고 있다. 이것이 우리의 사회가 죽어 가고 있는 이유이다. 그리스도의 피의 공급은 고갈되어 가는 중이다. 보혈의 피는 증발하고 있다. 우리는 매일매일 더 많은 피를 잃어 가고 있다.

그리스도, 기독교, 성경, 교회, 그리스도의 사도와 모든 성인(聖人)인들이 거짓말쟁이가 아니라면 그 대답은 너무나 단순해서 스캔들이 될 정도이다. 그 대답은 영혼과 사회를 위한 단 하나의 희망밖에 없다는 것이다. "제가 어떻게 해야 구원을 얻겠습니까?" "주 예수를 믿으시오. 그러면 당신과 당신네 집안이 다 구원을 얻을 것입

니다."(사도16:30-31)

그것은 당신에게 너무 단순하고 너무 유치한가? 당신은 그것에 비해 너무 "고령"이고 "성인(成人)"인가? "고령"의 충치가 어떻게 보이는지를 기억하라. 우리의 사회가 "성인(成人)"이라는 말로 무엇을 의미하는지를 기억하라. "성인(成人)" 영화가 무엇을 의미하는지를 기억하라. 이제 그것을 「패션 오브 크라이스트*The Passion of the Christ*」와 대조해 보라. 그러고 나서, "누구를 섬길 것인지 여러분이 오늘 택하시오."(여호 24:15)

결론

여러분은 이 책이 철학책으로서 이렇게 끝날 것이라고 기대하지 않았을 것이다. 그렇지 않은가? 하지만 이런 결말은 세계의 위대한 철학자들이 자기 철학을 종결짓는 방식이다. 성경의 요한의 묵시록에서 요한이 예언자로서 전하는 그리스도의 최후의 말도 동일하게 말한다. (요한의 묵시록 22장을 읽기 바란다.) 왜냐하면 이것이야말로 누구라도 언제든지 말할 수 있는 가장 중요한 것이자 중대한 선택, 즉 우리가 전부와 전무 사이에서, 존재와 비존재 사이에서, 빛과 어둠 사이에서, 천국과 지옥 사이에서, 그리스도와 적그리스도 사이에서 결정하는 선택이기 때문이다. 그리고 철학이라도 이것에 관해 아무것도 할 말이 없다면 하는 수 없이 지옥이 철학과 함께할 것이다.

역자후기

예수를 소위 인격적으로 알고 난 이후부터 모든 학문과 철학에서 벗어날 수 있었다. 여전히 예수와 씨름하고 학문적이고 이론적인 공부를 통해서 이해와 실천을 도모하고 철학을 계속하고는 있지만 사는 것이 문제라는 것을 시시각각 절감한다. 하지만 제도 대학에 머무르는 몸이라 아카데미즘으로부터 완전하게 자유로울 수 없는 처지이다. 실천과 행동의 삶만이 인생의 해답임이 이미 밝혀졌건만, 그러지도 못하고 산다. 용서를 바란다. 역시 먹물들은 말이 앞선다.

플라톤의 동굴 우화처럼 철인은 다시 동굴로 복귀해야 할 사명을 가지고 있으므로, 철학에서 벗어난 내가 철학으로 돌아오려면 역시 이론 공부와 학문 연구를 병행하지 않으면 안 된다. 악인들의 무지와 교만과 뻔뻔함 앞에서 논리적으로 쟁론을 벌이고 설득의 대화를 성공적으로 펼쳐야 하기 때문이다. 그러나 공부가 부족하고 경험이 일천하여 항상 패배자가 된다. 하느님의 실천적 지혜로 거룩한 성전을 벌였던 예수조차도 악인의 꾀에 살해되었거늘 하물며 무슨 말이 더 필요하겠는가. 한완상 박사는 2009년 3월 부산 신앙 강연회에서 "우아한 패배"라는 표현을 썼지만 예수가 우아하게 패배했다고 말하기에는 그 표현 자체가 너무나 우아하다. 약함을 강함이 되게 하시는 하느님의 능력과 임재가 절실해서 뼈에 사무친다. 어쨌든, 철학은 "예수의 이름을 받들어 무릎을 꿇고"(필립 2:10), 이미 예수의 발아래 놓였으므로, 다만, 철학에게 일러 줄 말을 이론적으로 제시하는 것이 중요한 과제로 남는다.

이 과제를 이모저모로 궁리하던 차에 크리프트 교수의 이 책을 만나게 되었다. 예수를 철학적 측면에서 전문적으로 탐구하는 연구사와 성과는 그리 많지 않은 듯하다. 변증론적 책들은 깊이가 없고, 통속적이며, 철학적 전문성이 아무래도 미흡하다는 느낌을 지울 수가 없다. 사실, 철학의 역사는 철학의 문제와 그 해결에 대한 예수의 철학적 공헌을 규명해 본 적이 없다. 그런데 이 책은 분량은 작지만 통달 · 계시 · 조명 · 영감은 큰 책이라는 장점을 가지고 있는 데다가, 예수의 철학적 면모를 전문 철학자의 입장에서 철학적으로 다루고 있다는 점에서 요즈음 출판된 기독교 철학서들, 또는 변증론적 철학 연구서들과는 독특한 변별성과 우수성을 지니고 있다고 판단된다. 물론 저자는 가톨릭 철학의 전통에서 성경과 기독교 교리를 이해하고 있다. 특히 마리아에 관한 교리와 성찬에 관한 신학적 해석은 개신교와 확실히 다르다. 그렇지만 기독교인이라면 이 책을 별

무리 없이 무난하게 즐겁고 기쁜 마음으로 읽어 내려갈 수 있고, 비기독교인이라면 예수를 철학자로서 소개하는 논리와 해설에서 예수의 존재론, 인식론, 인간학, 도덕 철학의 근본 핵심을 파악할 수 있으며 나아가서, 예수의 정치 사회 철학의 면모를 다소라도 엿볼 수 있다. 이 책은 기독교 철학에 관심 있는 독자들에게 흥미를 자아내고 도전을 준다. 이를테면, 예수 철학의 개념이 어떻게 가능할 수 있는지, 어떻게 구성되고 정립될 수 있는지를 묻게 만든다.

이 책을 읽음으로써, 독자들이 사전에 알고 있는 철학적 문제들과 다양한 철학적 이론들로부터 예수 철학이나 철학적 인격 예수로 이행해 갈 수 있는지는 알 수 없는 노릇이다. 나는 다만 이 책을 읽는 독자가 그렇게 되기를 희망하고 있다. 나는 이 책을 통해 그들이 철학자 예수 또는 예수 철학이 철학의 근본 문제에 대해 던지는 물음과 대답을 성찰할 수 있는 기회를 가질 수 있기를 바랄 뿐이다. 예수를 자기 앞에 두고도 진리가 뭔가라고 묻는 빌라도처럼 철학자들은 "나는 진리요"라고 스스로 말한 예수를 두고도 진리의 대륙을 찾아 답사를 나서는 사람들이다. 조금 달리 말하면, "진리이신 예수" 대신 자기의 진리를 만들고 발견하는 우상 작업을 좋아하고 즐긴다. 왜냐하면 철학은 지혜 사랑이지만 예수는 지혜이기 때문이다. 그러나 예수 그리스도의 계시를 전하는 요한의 묵시록의 기록에 따라, 최후의 그날에는 철학도 철학자도 예수 그리스도의 심판의 대상일 것이라는 점을 심각하게 고려할 필요가 있다.

어쨌든, 예수 철학에 대한 연구 활동과 동향들이 철학의 전문 분야에서도 많이 소개되고 소통되어야 한다고 믿으며 한층 더 깊이 있는, 문자 그대로의 예수 철학 연구물들이 나오기를 기대한다. 그리고 번역 투의 문장을 자연스러운 우리말 문장으로 바로잡아 주고 여러 모로 꼼꼼하게 편집해 준 서광사 편집부에 진심으로 감사를 드린다. 그러나 번역에 대한 책임은 전적으로 옮긴이에게 있다. 이 책에서 사용한 성경 역본은 『공동번역 성서 개정판(가톨릭용)』(대한성서공회, 2004)을 기준으로 했고 필요에 따라 부분적으로 자구를 수정했다. 번역 대본은 다음과 같다. Peter Kreeft, *The Philosophy of Jesus*, St. Augustine's Press, South Bend, Indiana, 2007.

2010년 호랑이해 첫날
미국 일리노이주 카본데일에서
신라대 철학과 류의근 교수

The philosophy of Jesus

찾아보기

성서 인용